기초튼튼

어린이 수학

2

기획 : 와이앤엠 편집부

와이 앤 엠

차 례

기초튼튼

어린이
수학

②

1. 10까지의 수

⭐ 1부터 5까지의 수를 써 보세요.

수	따라 쓰기							
l	l	l	l	l	l	l	l	l
	일:하나	일:하나	일:하나	일:하나	일:하나	일:하나	일:하나	일:하나
2	2	2	2	2	2	2	2	2
	이:둘	이:둘	이:둘	이:둘	이:둘	이:둘	이:둘	이:둘
3	3	3	3	3	3	3	3	3
	삼:셋	삼:셋	삼:셋	삼:셋	삼:셋	삼:셋	삼:셋	삼:셋
4	4	4	4	4	4	4	4	4
	사:넷	사:넷	사:넷	사:넷	사:넷	사:넷	사:넷	사:넷
5	5	5	5	5	5	5	5	5
	오:다섯	오:다섯	오:다섯	오:다섯	오:다섯	오:다섯	오:다섯	오:다섯

1. 10까지의 수

★ 6부터 10까지의 수를 써 보세요.

수	따라 쓰기
6	6 6 6 6 6 6 6
육:여섯	육:여섯 육:여섯 육:여섯 육:여섯 육:여섯 육:여섯 육:여섯
7	7 7 7 7 7 7 7
칠:일곱	칠:일곱 칠:일곱 칠:일곱 칠:일곱 칠:일곱 칠:일곱 칠:일곱
8	8 8 8 8 8 8 8
팔:여덟	팔:여덟 팔:여덟 팔:여덟 팔:여덟 팔:여덟 팔:여덟 팔:여덟
9	9 9 9 9 9 9 9
구:아홉	구:아홉 구:아홉 구:아홉 구:아홉 구:아홉 구:아홉 구:아홉
10	10 10 10 10 10 10 10
십:열	십:열 십:열 십:열 십:열 십:열 십:열 십:열

1. 9까지의 수

⭐ 서로 알맞는 것끼리 선으로 연결하세요.

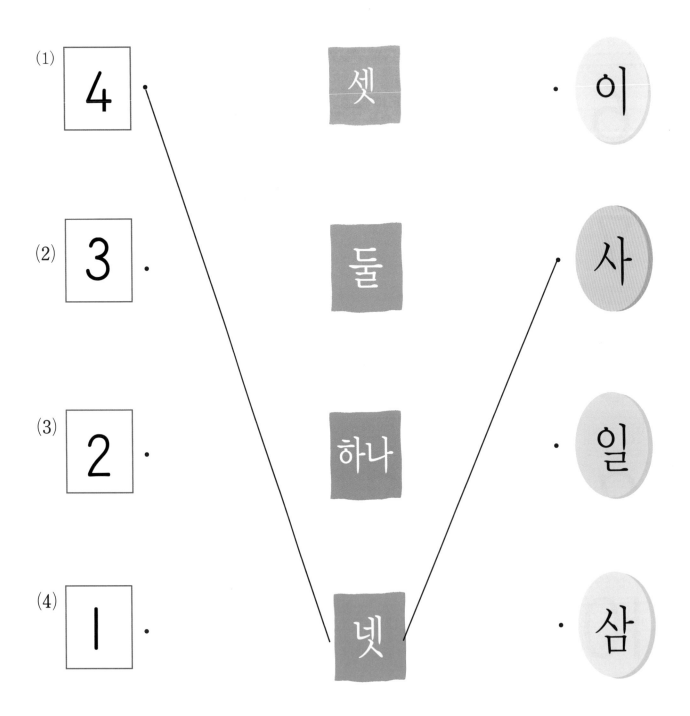

1. 9까지의 수

★ 서로 알맞는 것끼리 선으로 연결하세요.

(1) 6 ·

일곱 · · 팔

(2) 7 ·

여섯 · · 칠

(3) 8 ·

아홉 · · 육

(4) 9 ·

여덟 · · 구

1. 9까지의 수

★ 왼쪽에 있는 수만큼 색칠을 하세요.

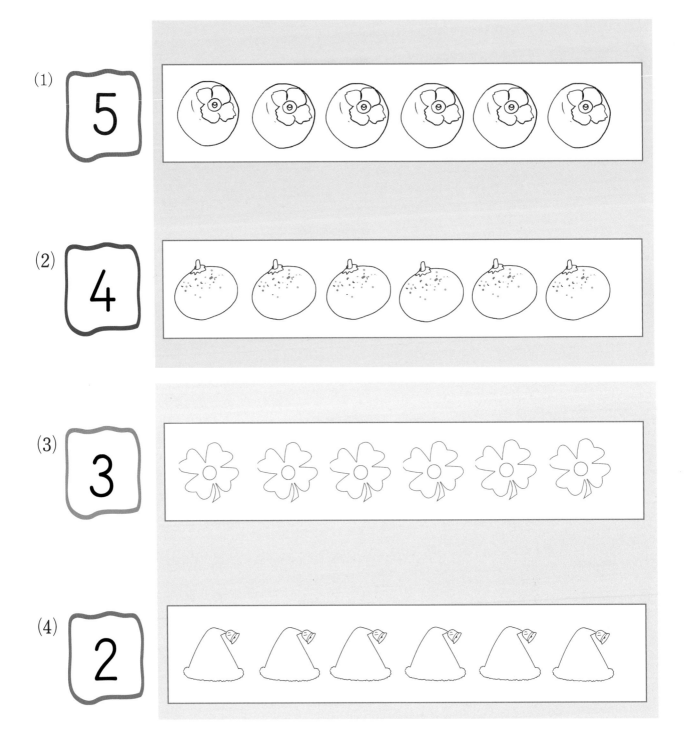

(1) 5

(2) 4

(3) 3

(4) 2

1. 9까지의 수

★ 왼쪽에 있는 수만큼 색칠을 하세요.

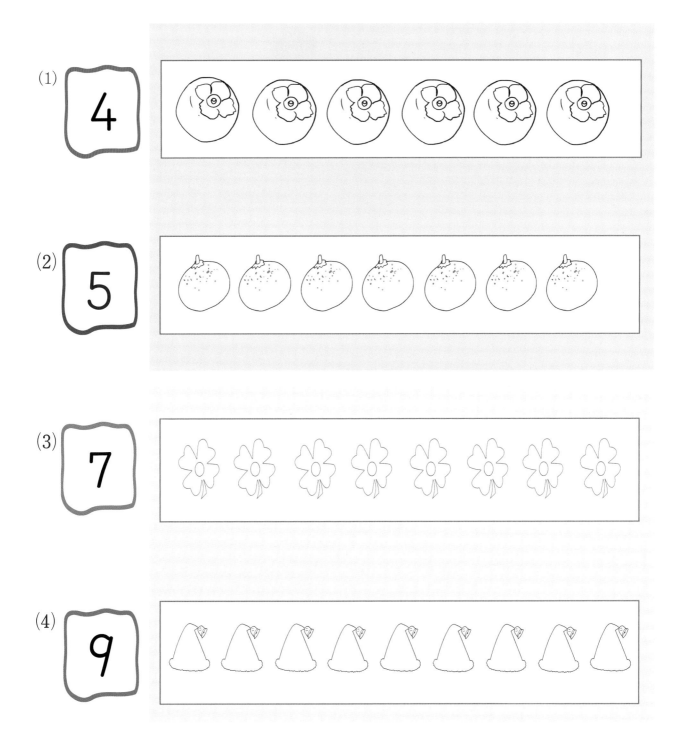

1. 9까지의 수

★ 오른쪽 빈칸에 왼쪽 그림과 같은 수만큼 색칠을 하세요.

(1)

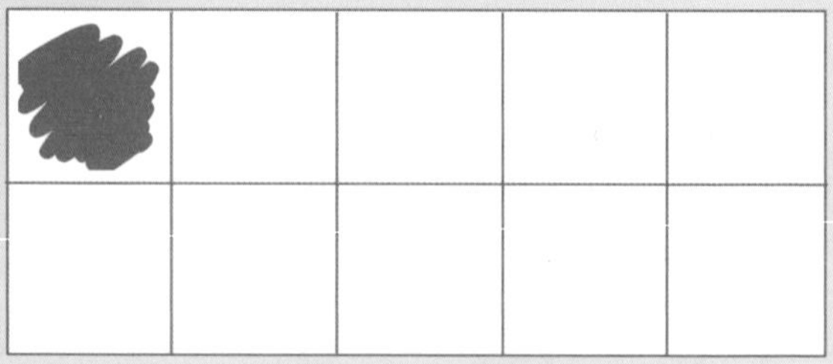

(2)

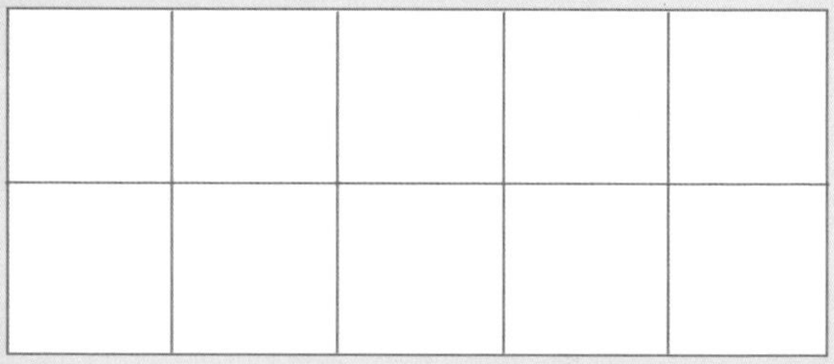

(3)

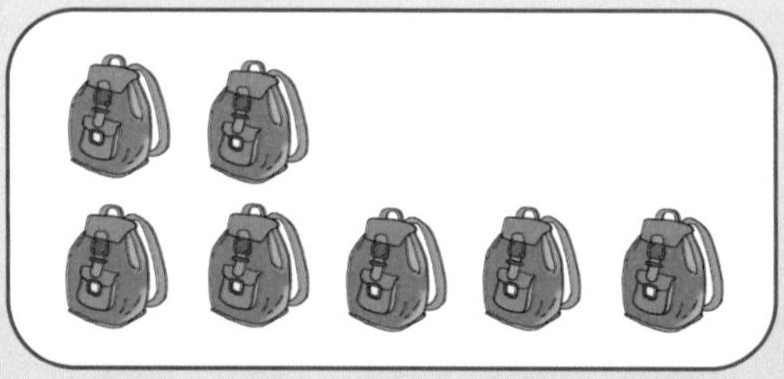

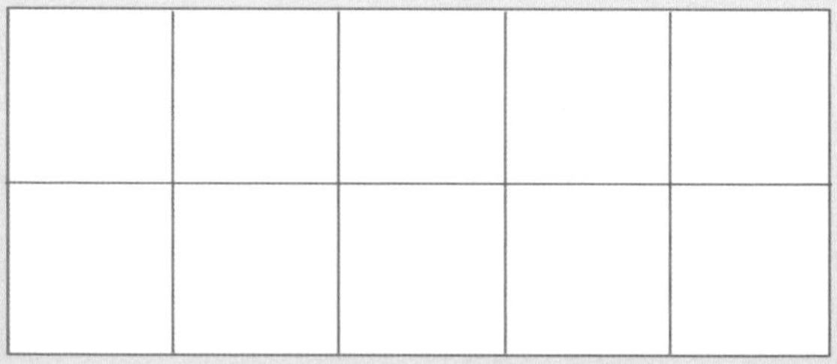

(4)

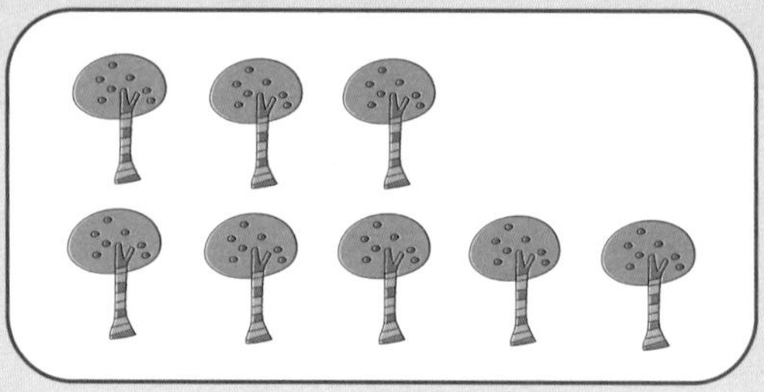

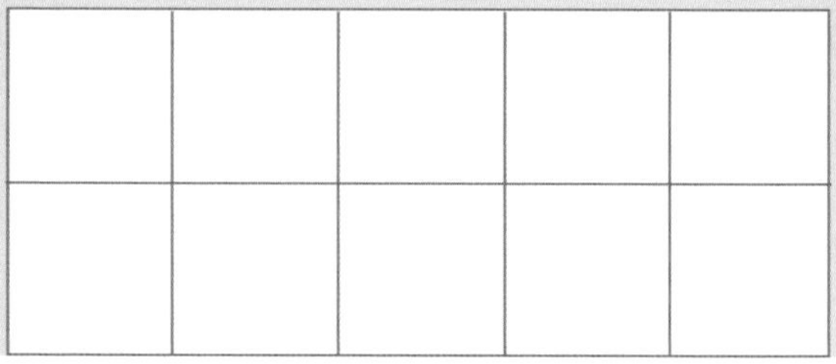

1. 9까지의 수

⭐ 오른쪽 빈칸에 왼쪽 그림과 같은 수만큼 색칠을 하세요.

(1)

(2)

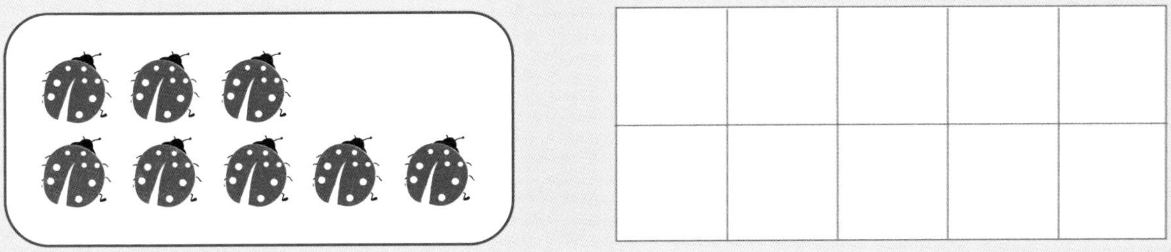

(3)

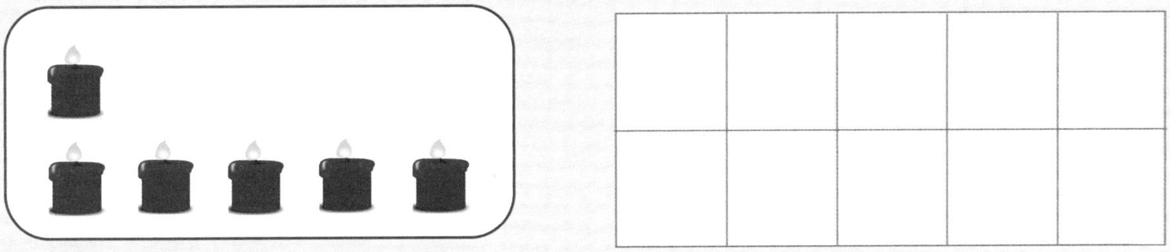

(4)

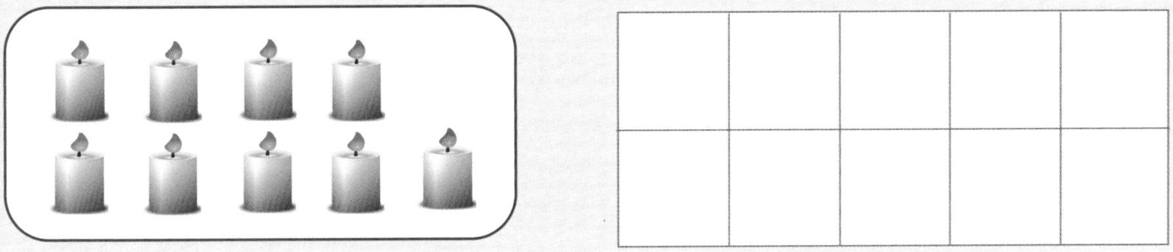

1. 10까지의 수

★ 오른쪽 빈칸에 왼쪽 그림과 같은 수만큼 색칠을 하세요.

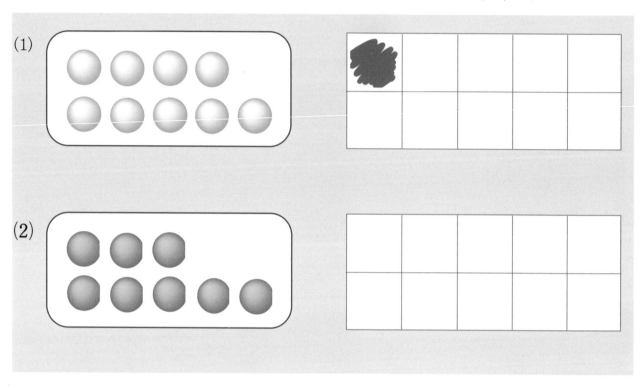

(1)

(2)

(3)

(4)

1. 10까지의 수

⭐ 오른쪽 빈칸에 왼쪽 그림과 같은 수만큼 색칠을 하세요.

(1)

(2)

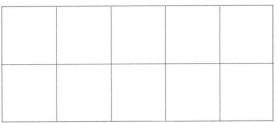

(3)

(4)

1. 10까지의 수

★ 오른쪽 빈칸에 왼쪽 그림과 같은 수만큼 색칠을 하세요.

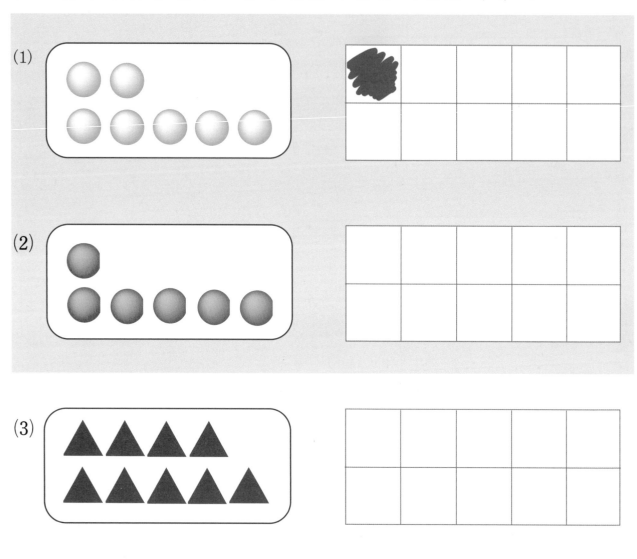

1. 10까지의 수

(1)

(2)

(3)

(4)

2. 여러가지 모양

⭐ 여러 모양을 살펴 보세요.

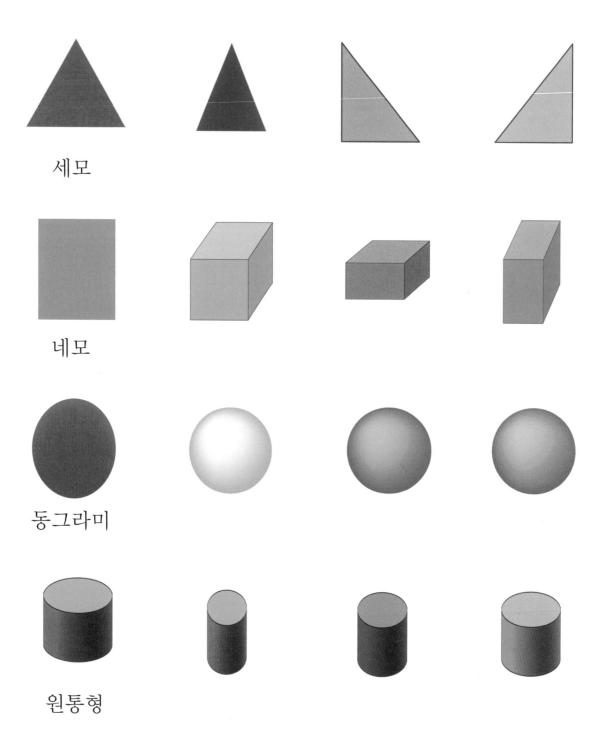

세모

네모

동그라미

원통형

2. 여러가지 모양

⭐ 모양이 같은 것을 찾아 선으로 연결하세요.

(1)

 ·   ·

(2)

 ·   ·

(3)

 ·   ·

2. 여러가지 모양

⭐ 모양이 같은 것을 찾아 선으로 연결하세요.

(1)

•

•

(2)

•

(2)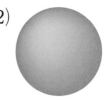

•

(3)

•

(3)

•

2. 여러가지 모양

★ 모양이 비슷한 것을 찾아 선으로 연결하세요.

(1)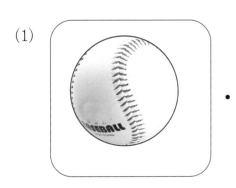

(1)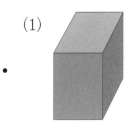

(2)

(2)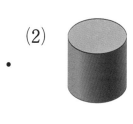

(3)

(3)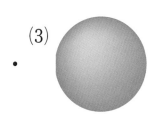

2. 여러가지 모양

⭐ 모양이 같은 것을 찾아 선으로 연결하세요.

(1)

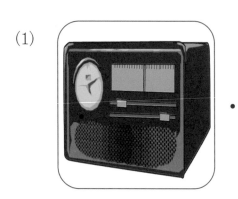

(1)

(2)

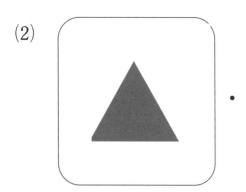

(2)

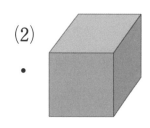

(3)

(3)

2. 여러가지 모양

★ 모양이 비슷한 것을 찾아 선으로 연결하세요.

(1) 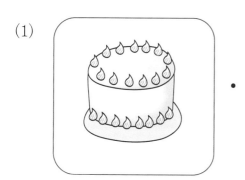 •

(1)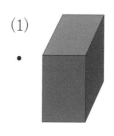
•

(2) 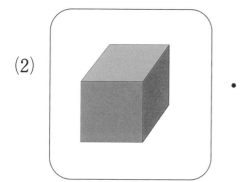 •

(2) •
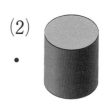

(3) 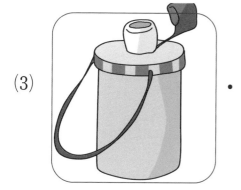 •

(3)
•

2. 여러가지 모양

(1) 왼쪽 그림과 같은 것에 O표 하세요.

1.

(   )

2.

(   )

3.

(   )

(2) 왼쪽 그림과 같은 것에 O표 하세요.

1.

(   )

2.

(   )

3.

(   )

(3) 왼쪽 그림과 같은 것에 O표 하세요.

1.

(   )

2.

(   )

3.

(   )

2. 여러가지 모양

(1) 어떤 모양으로 만든 것인지 그 아래 표를 하세요.

1.

2.

3.

(   )　　　　(   )　　　　(   )

(2) 어떤 모양으로 만든 것인지 그 아래 표를 하세요.

1.

2.

3.

(   )　　　　(   )　　　　(   )

(3)어떤 모양으로 만든 것인지 그 아래 표를 하세요.

1.

2.

3.

3. 10까지의 수 익히기

⭐ 왼쪽과 오른쪽의 개수가 같은 것끼리 선으로 연결해 보세요.

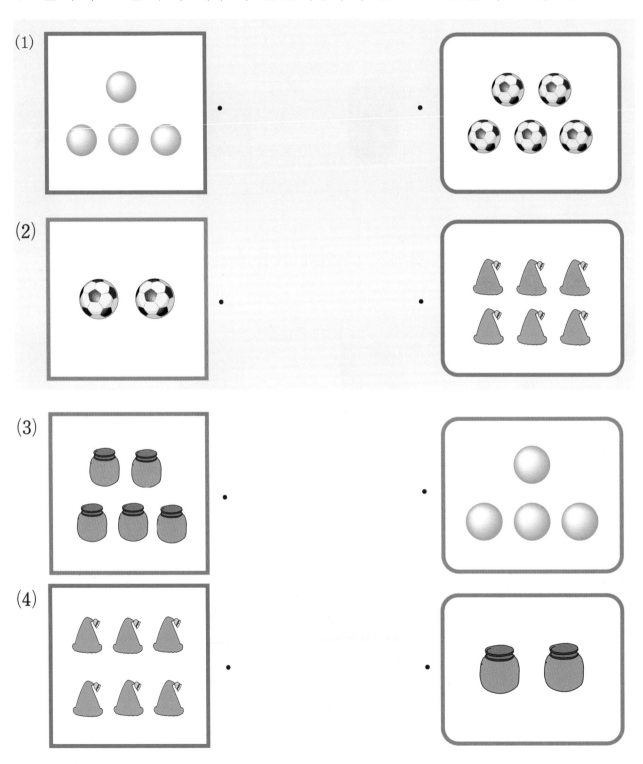

(1)

(2)

(3)

(4)

3. 10까지의 수 익히기

⭐ 왼쪽과 오른쪽의 개수가 같은 것끼리 선으로 연결해 보세요.

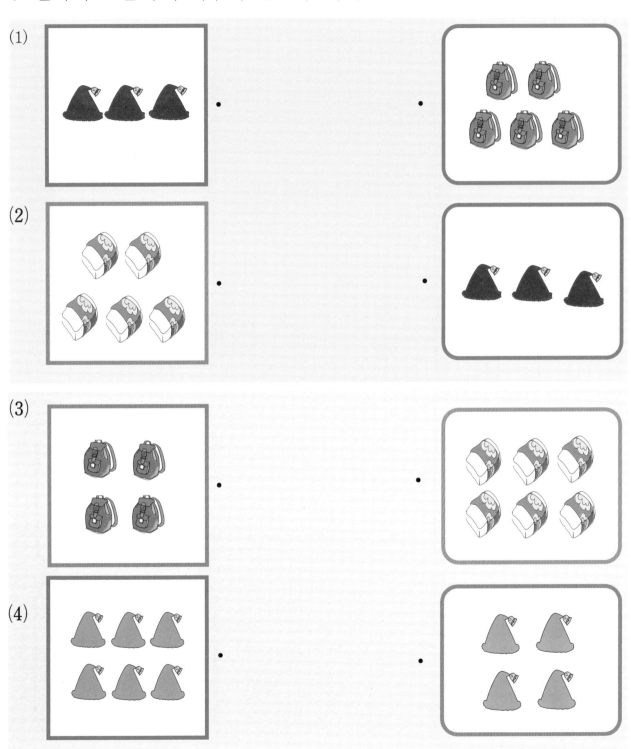

(1)

(2)

(3)

(4)

3. 10까지의 수 익히기

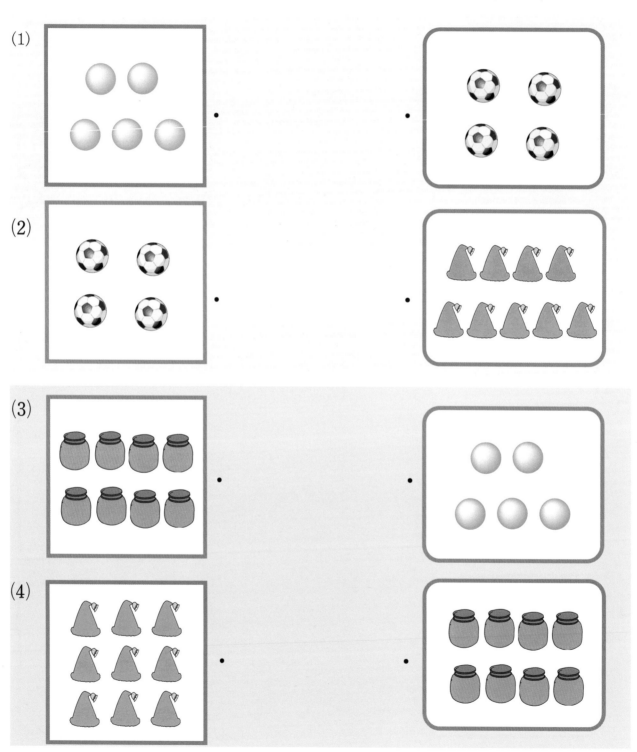

⭐ 왼쪽과 오른쪽의 개수가 같은 것끼리 선으로 연결해 보세요.

(1)

(2)

(3)

(4)

3. 10까지의 수 익히기

⭐ 왼쪽과 오른쪽의 개수가 같은 것끼리 선으로 연결해 보세요.

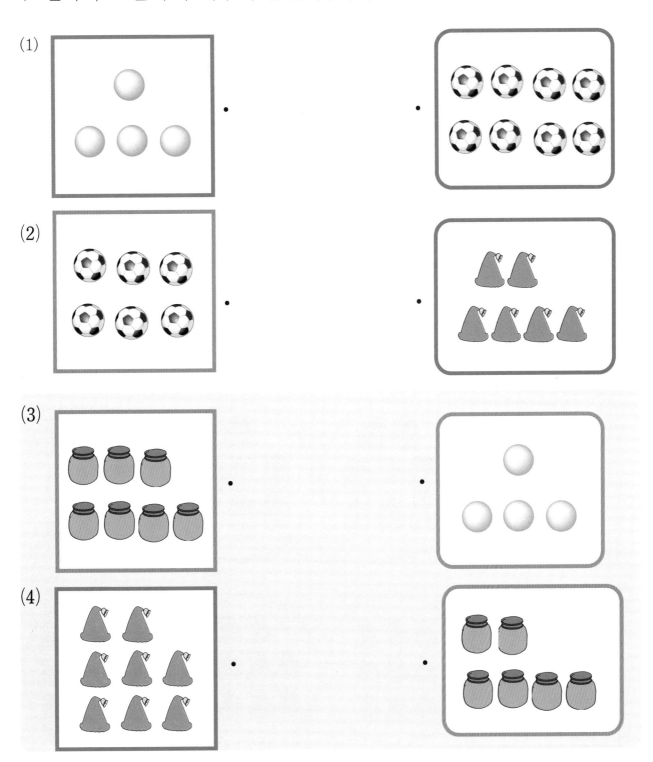

(1)

(2)

(3)

(4)

3. 10까지의 수 익히기

⭐ 왼쪽의 개수와 같은 것에 O표를 하세요.

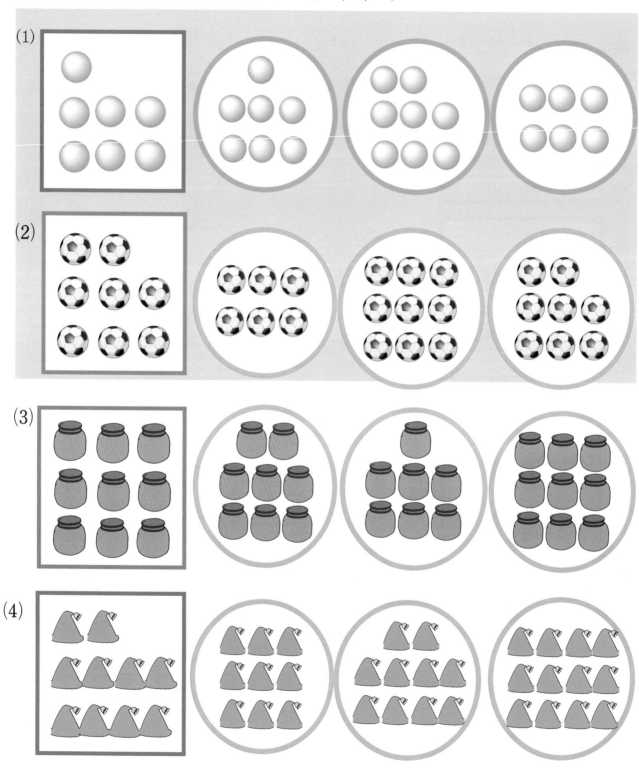

3. 10까지의 수 익히기

⭐ 왼쪽의 개수와 같은 것에 O표를 하세요.

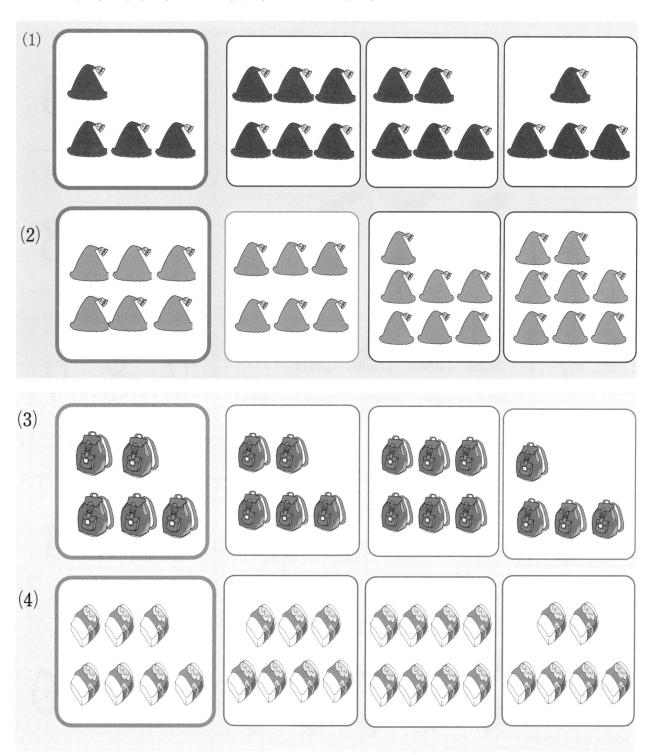

3. 10까지의 수 익히기

★ 왼쪽의 개수와 같은 것에 O표를 하세요.

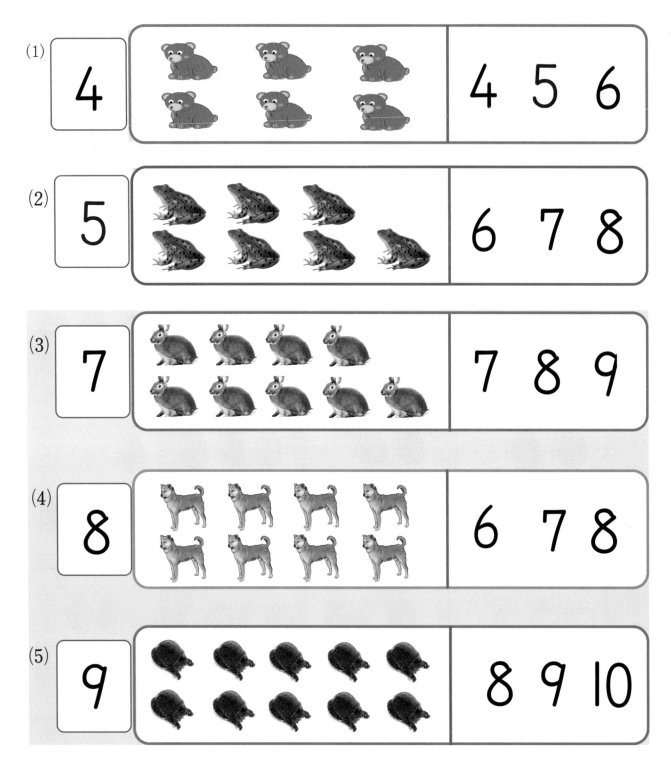

(1)　4　|　4　5　6

(2)　5　|　6　7　8

(3)　7　|　7　8　9

(4)　8　|　6　7　8

(5)　9　|　8　9　10

3. 10까지의 수 익히기

⭐ 왼쪽의 개수와 같이 묶어 보세요.

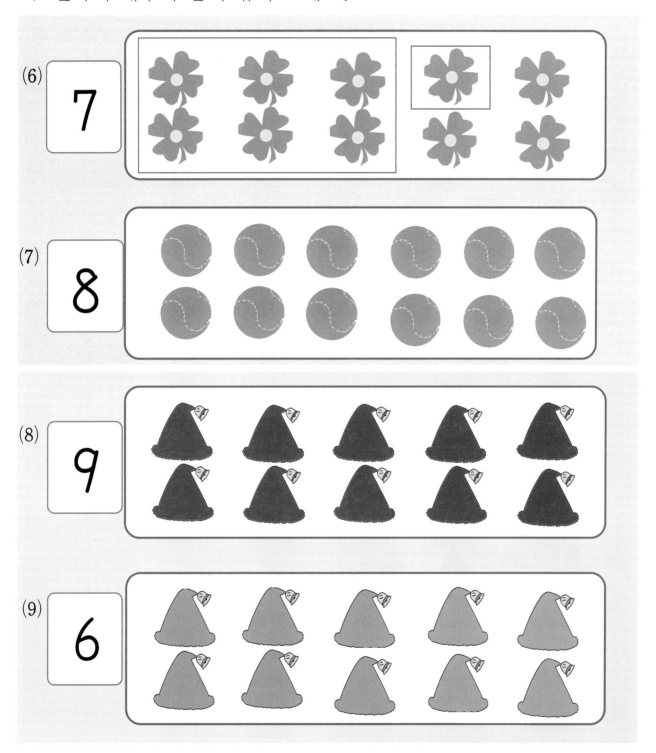

(6) 7

(7) 8

(8) 9

(9) 6

3. 10까지의 수 익히기

★ 왼쪽의 개수와 같은 수만큼 색칠하세요.

(1)

(2)

(3)

(4)

(5)

3. 10까지의 수 익히기

★ 왼쪽의 개수와 같은 수만큼 색칠하세요.

(6)

(7)

(8)

(9)

(10)

4. 11~20까지의 수 익히기

⭐ 왼쪽의 개수와 같은 것에 ○표를 하세요.

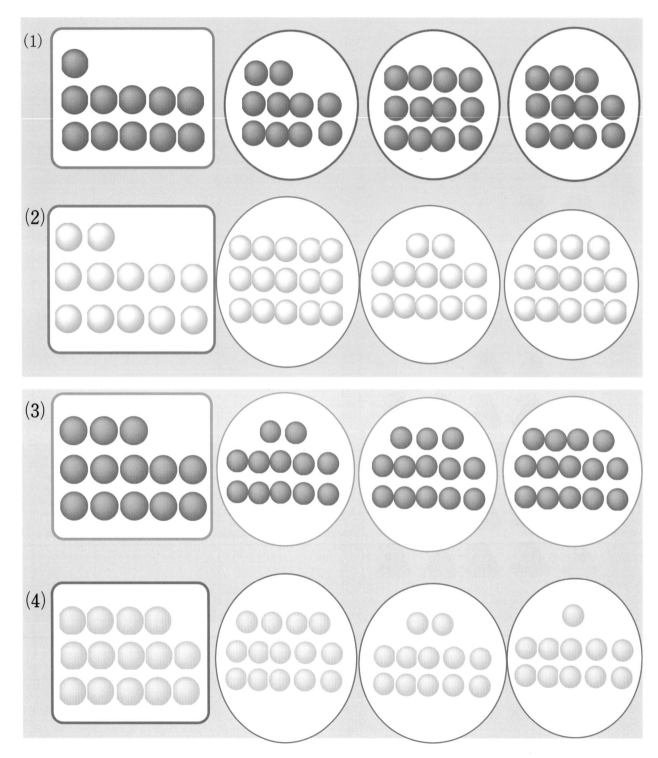

4. 11~20까지의 수 익히기

★ 왼쪽의 개수와 같은 것에 ○표를 하세요.

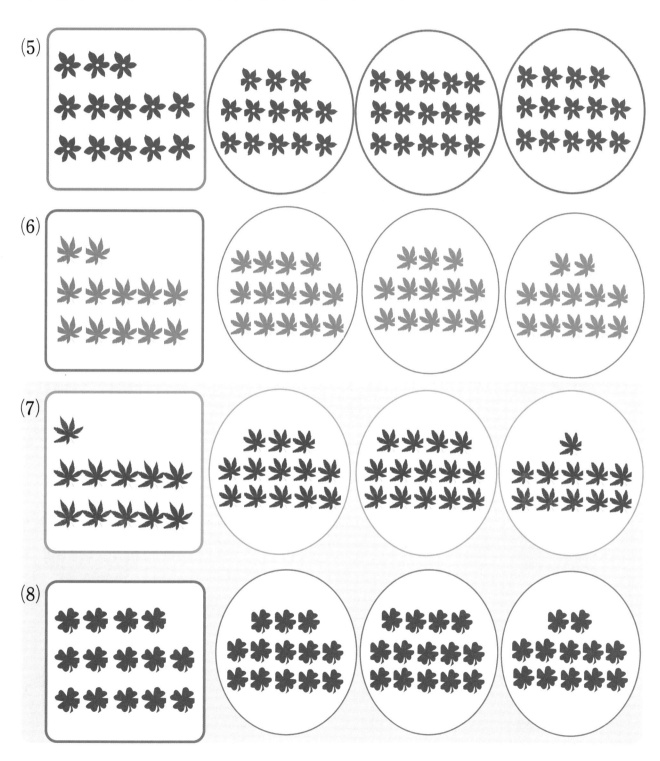

(5)

(6)

(7)

(8)

4. 11~20까지의 수 익히기

⭐ 서로 맞는 것끼리 선으로 연결하세요.

(1)  ·

(2) 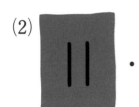 ·

(3)  ·

(4)  ·

(5)  ·

·

·

·

·

·

4. 11~20까지의 수 익히기

★ 서로 맞는 것끼리 선으로 연결하세요.

(1)

·

·

(2)

·

·

(3)

·

·

(4)

·

· 십오

(5)

·

·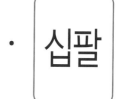

4. 11~20까지의 수 익히기

⭐ 그림의 수와 같은 숫자에 ○표 하세요.

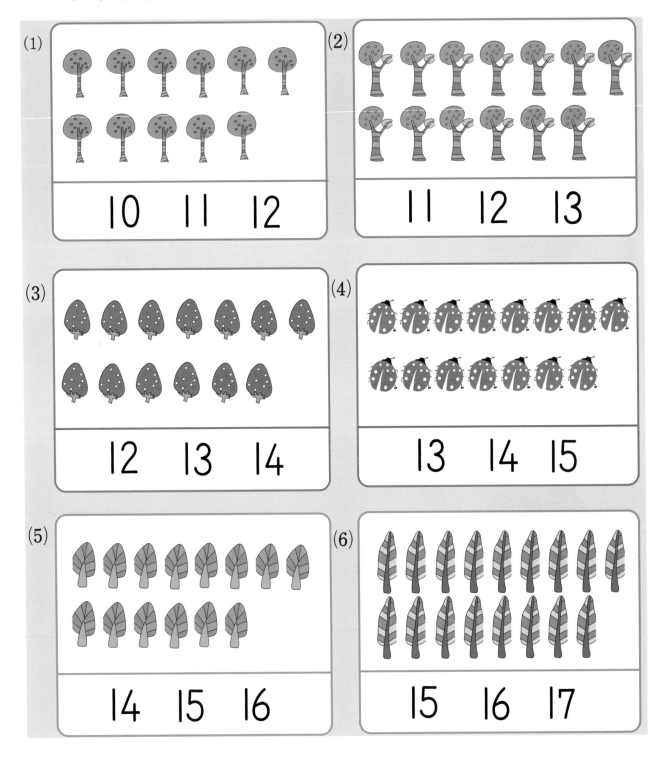

(1)　10　11　12

(2)　11　12　13

(3)　12　13　14

(4)　13　14　15

(5)　14　15　16

(6)　15　16　17

4. 11~20까지의 수 익히기

⭐ 그림의 수와 같은 숫자에 ○표 하세요.

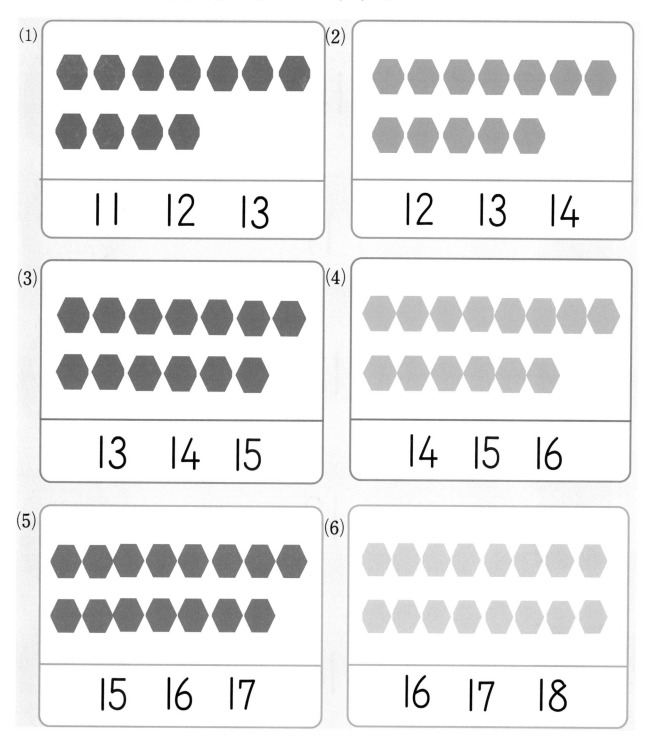

(1)
11   12   13

(2)
12   13   14

(3)
13   14   15

(4)
14   15   16

(5)
15   16   17

(6)
16   17   18

4. 11~20까지의 수 익히기

★ 서로 맞는 것끼리 선으로 연결하세요.

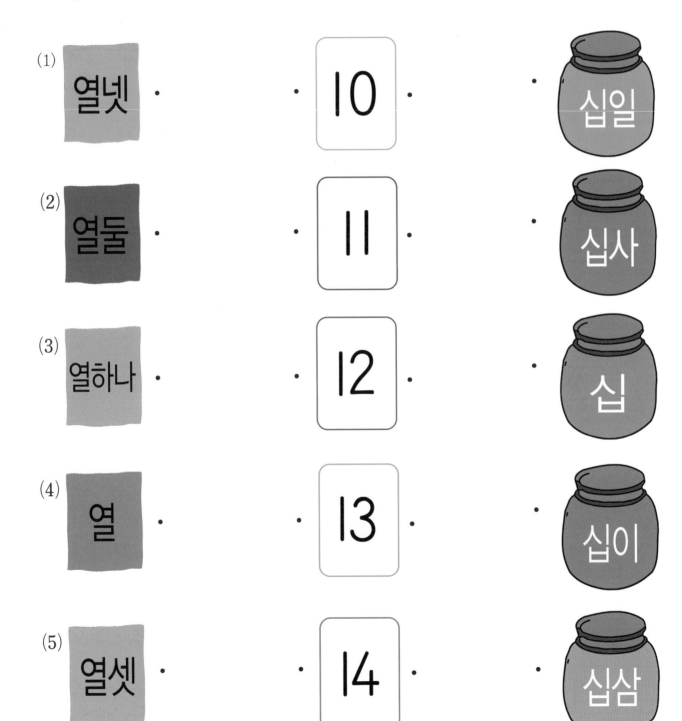

(1) 열넷 ·   · 10 ·   · 십일

(2) 열둘 ·   · 11 ·   · 십사

(3) 열하나 ·   · 12 ·   · 십

(4) 열 ·   · 13 ·   · 십이

(5) 열셋 ·   · 14 ·   · 십삼

4. 11~20까지의 수 익히기

⭐ 서로 맞는 것끼리 선으로 연결하세요.

(1) 열일곱 · · 15 · · 십육

(2) 열다섯 · · 16 · · 십팔

(3) 열아홉 · · 17 · · 십오

(4) 열여덟 · · 18 · · 십구

(5) 열여섯 · · 19 · · 십칠

4. 11~20까지의 수 익히기

★ 빈칸에 알맞은 숫자를 써 넣으세요.

4. 11~20까지의 수 익히기

★ 빈칸에 알맞은 숫자를 써 넣으세요.

4. 11~20까지의 수 익히기

★ 그림의 수를 오른쪽에 쓰고 아래의 알맞은 수를 찾아 ○표를 하세요.

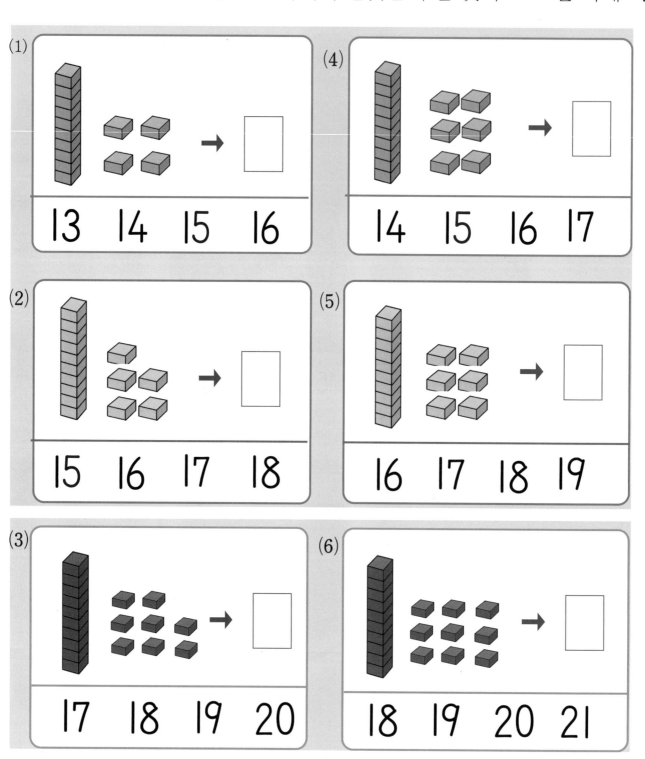

(1)

| 13 | 14 | 15 | 16 |

(2)

| 15 | 16 | 17 | 18 |

(3)

| 17 | 18 | 19 | 20 |

(4)

| 14 | 15 | 16 | 17 |

(5)

| 16 | 17 | 18 | 19 |

(6)

| 18 | 19 | 20 | 21 |

4. 11~20까지의 수 익히기

★ 그림의 수를 오른쪽에 쓰고 아래의 알맞은 수를 찾아 ○표를 하세요.

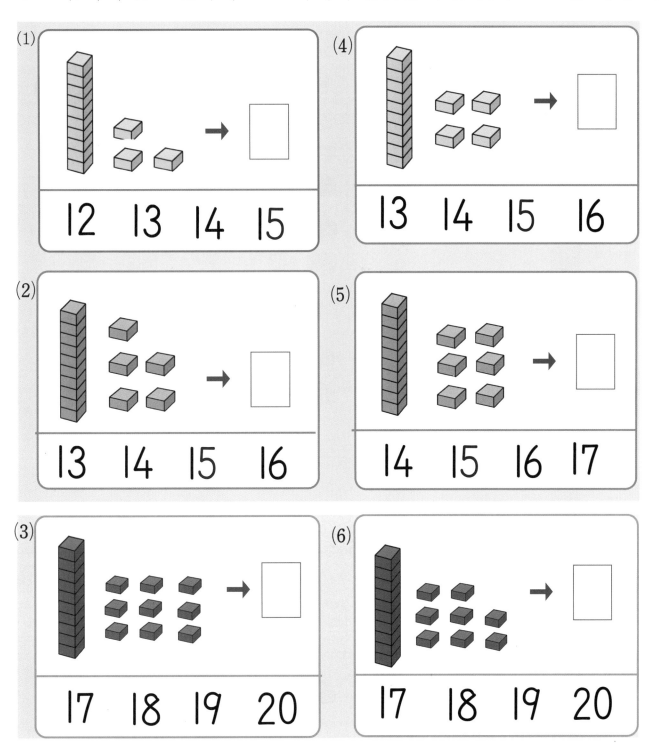

(1)
12 13 14 15

(4)
13 14 15 16

(2)
13 14 15 16

(5)
14 15 16 17

(3)
17 18 19 20

(6)
17 18 19 20

4. 11~20까지의 수 익히기

⭐ 두 그림을 합한 수가 오른쪽 숫자와 같은 것과 선으로 연결하세요.

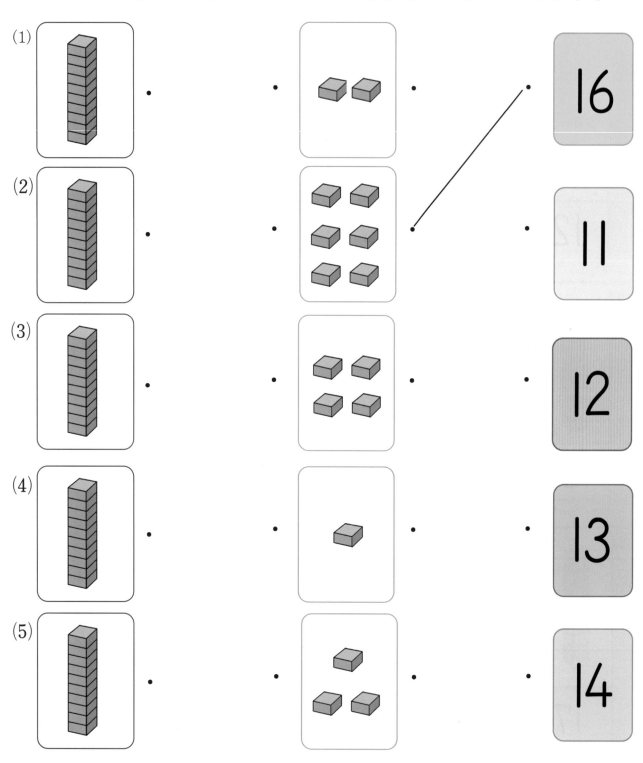

4. 11~20까지의 수 익히기

★ 두 그림을 합한 수가 오른쪽 숫자와 같은 것과 선으로 연결하세요.

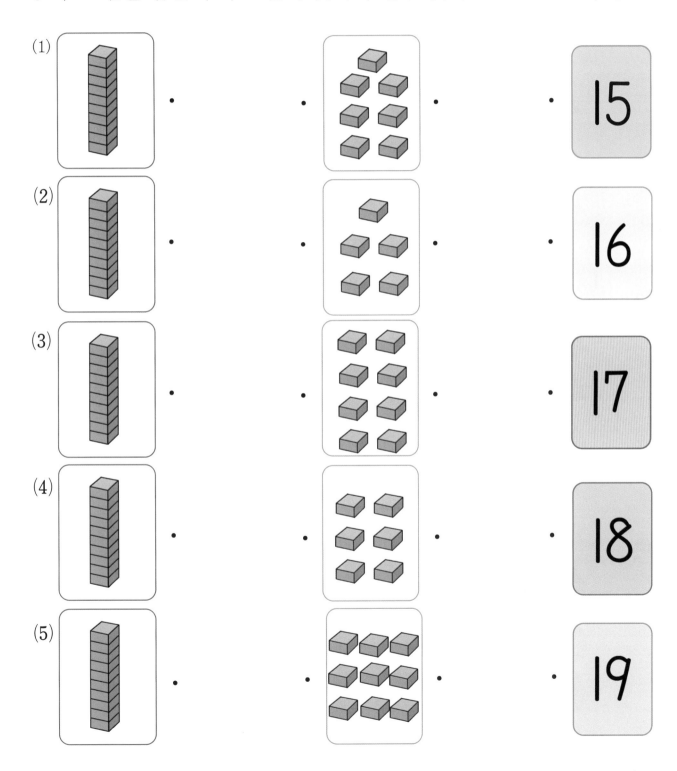

5. 11~20까지 수 크기 비교하기

⭐ 개수를 세어 보고 동그라미 안에 〉,=,〈 표를 하세요.

(1)

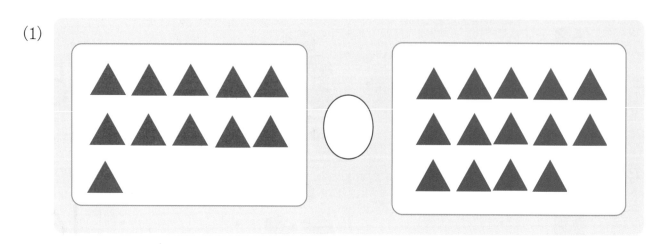

(2)

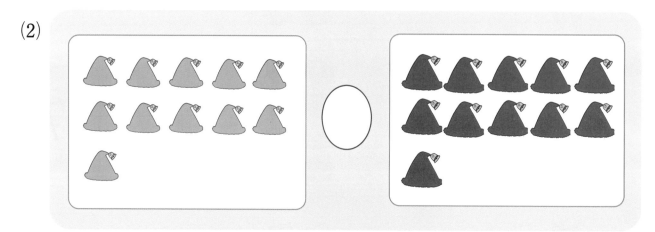

(3)

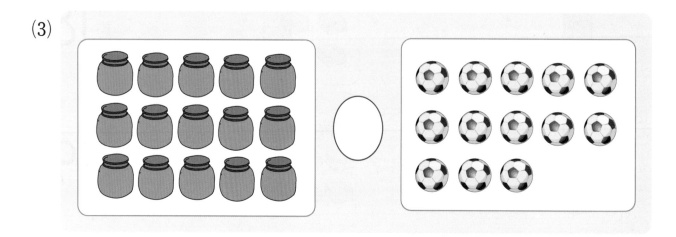

5. 11~20까지 수 크기 비교하기

⭐ 개수를 세어 보고 동그라미 안에 〉,=,〈 표를 하세요.

(1)

(2)

(3)

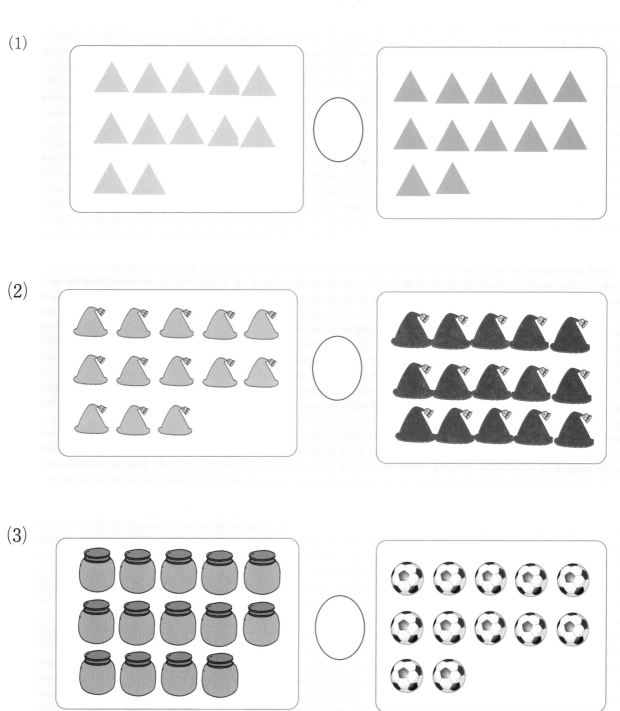

5. 11~20까지 수 크기 비교하기

★ 개수를 세어 보고 동그라미 안에 〉,=,〈 표를 하세요.

(1)
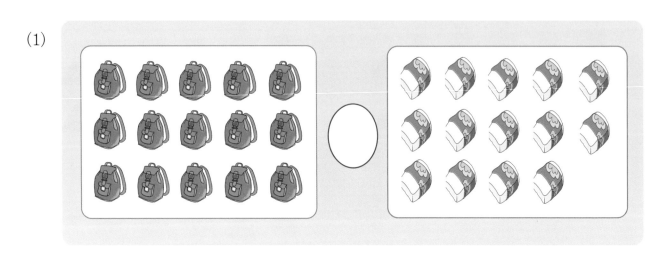

(2)
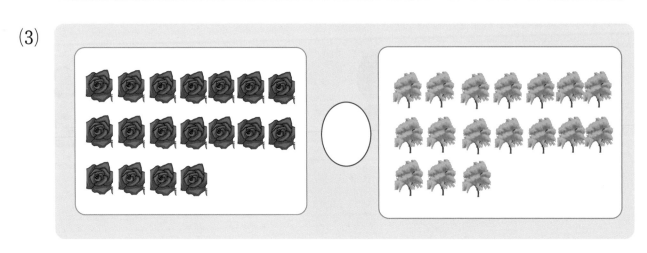

(3)

5. 11~20까지 수 크기 비교하기

⭐ 개수를 세어 보고 동그라미 안에 〉,=,〈 표를 하세요.

(1)

(2)

(3)

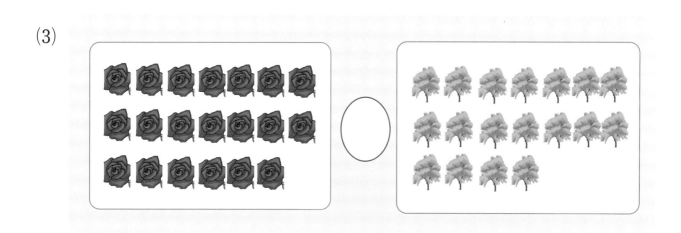

5. 11~20까지 수 크기 비교하기

⭐ 개수를 세어 보고 동그라미 안에 >, =, < 표를 하세요.

(1)

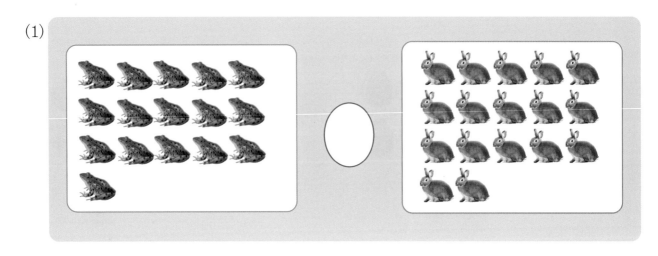

(2)

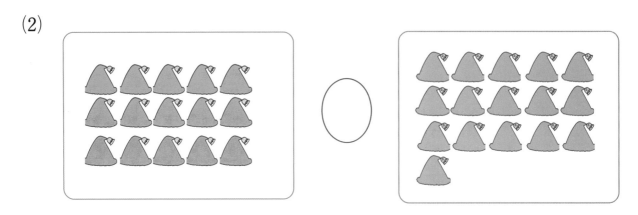

(3)

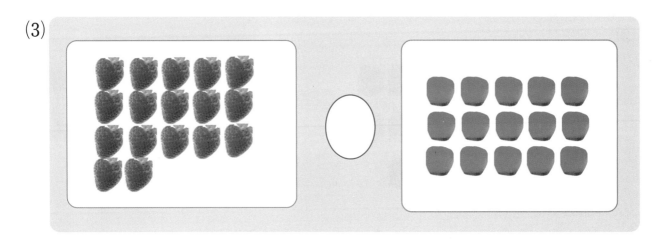

5. 11~20까지 수 크기 비교하기

★ 개수를 세어 보고 동그라미 안에 〉, =, 〈 표를 하세요.

(1)

(2)

(3)

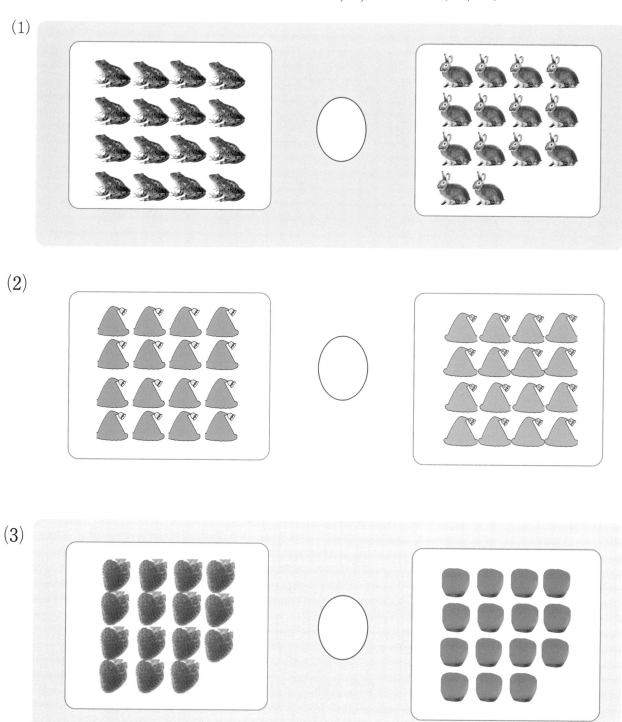

5. 11~20까지 수 크기 비교하기

★ 개수를 세어 보고 동그라미 안에 〉,=,〈 표를 하세요.

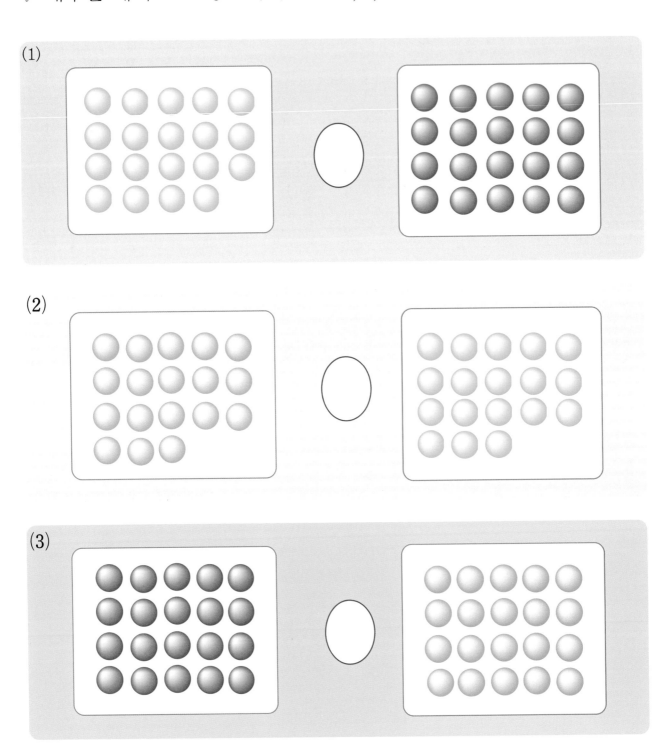

5. 11~20까지 수 크기 비교하기

★ 개수를 세어 보고 동그라미 안에 〉,=,〈 표를 하세요.

(1)

(2)

(3)

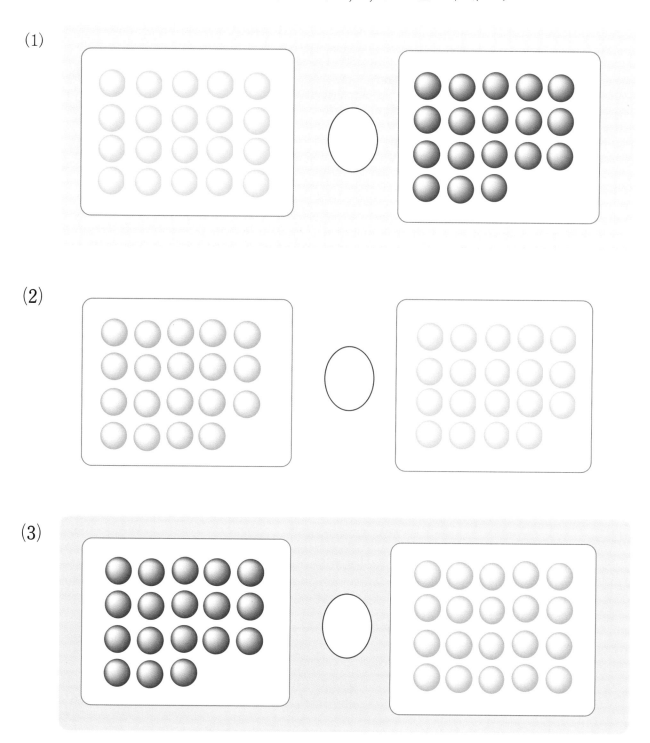

5. 11~20까지 수 크기 비교하기

☆ 개수를 세어 보고 동그라미 안에 〉,=,〈 표를 하세요.

(1)

(2)

(3)

5. 11~20까지 수 크기 비교하기

⭐ 개수를 세어 보고 동그라미 안에 〉, =, 〈 표를 하세요.

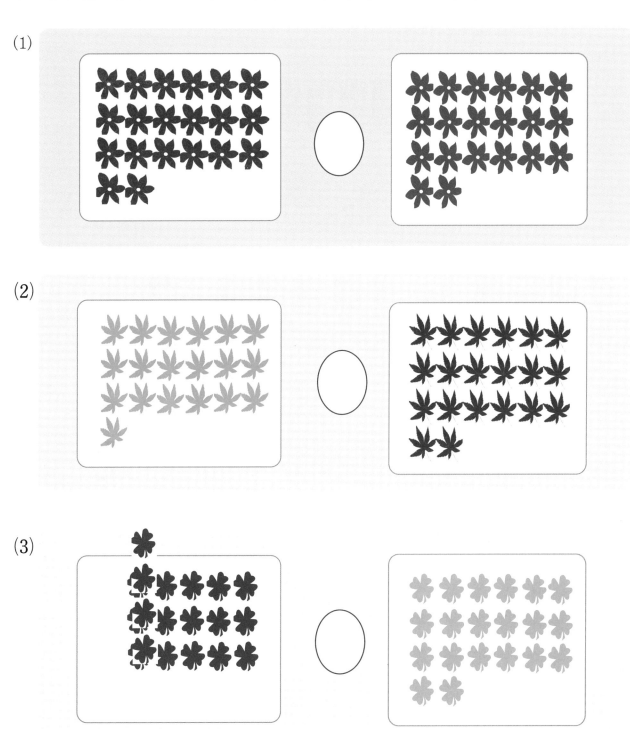

(1)

(2)

(3)

6. 10까지의 수 가르기

⭐ 그림을 보고 알맞은 수를 쓰세요.

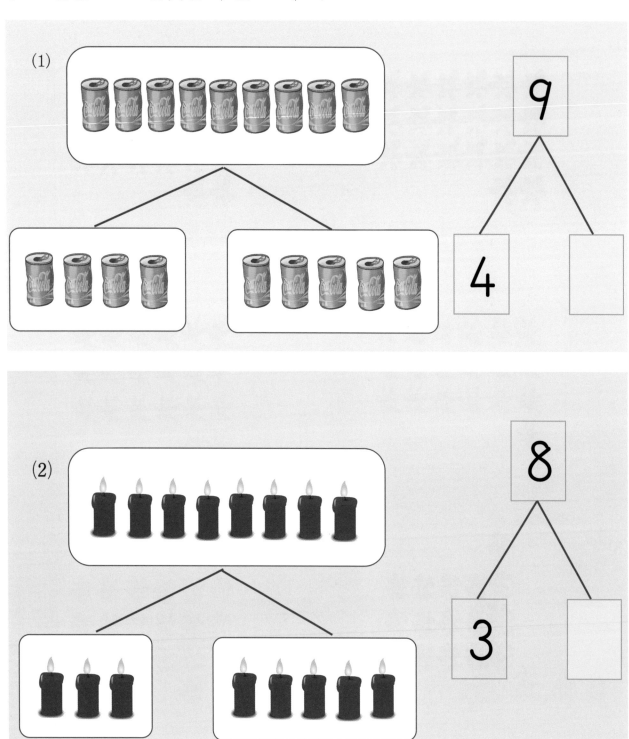

6. 10까지의 수 가르기

⭐ 그림을 보고 알맞은 수를 쓰세요.

(3)
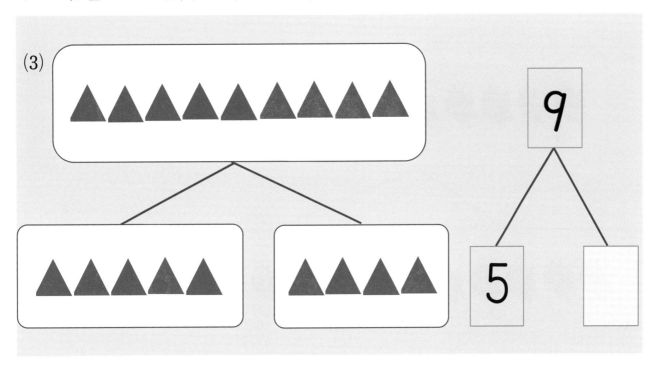

(4)
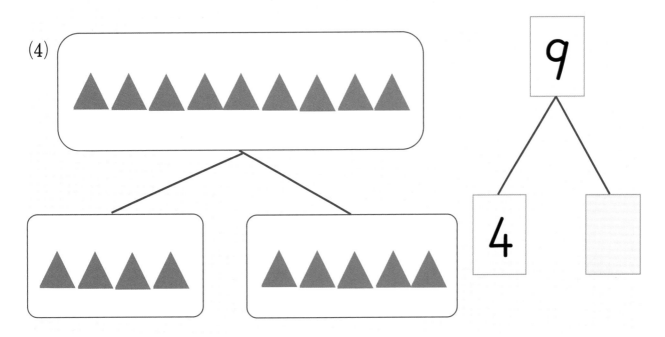

6. 10까지의 수 가르기

⭐ 그림을 보고 알맞은 수를 쓰세요.

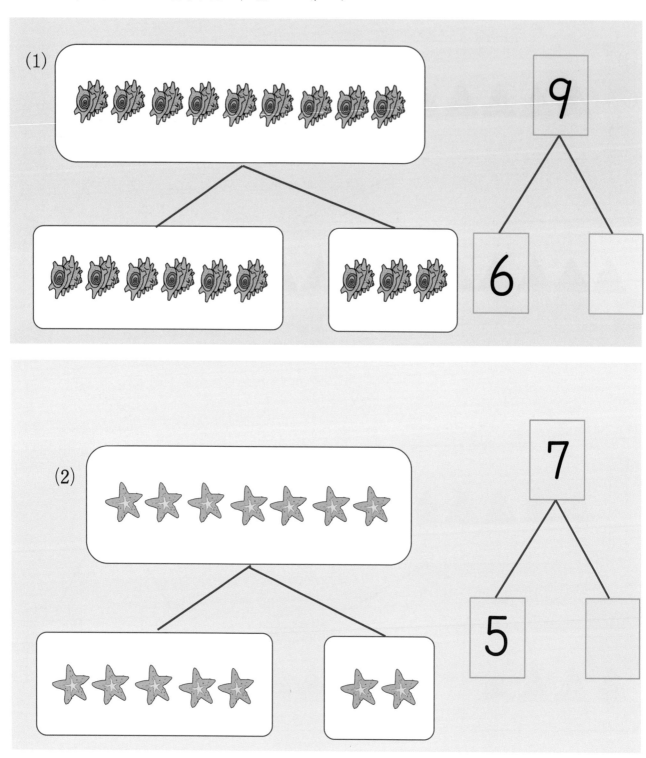

6. 10까지의 수 가르기

⭐ 그림을 보고 알맞은 수를 쓰세요.

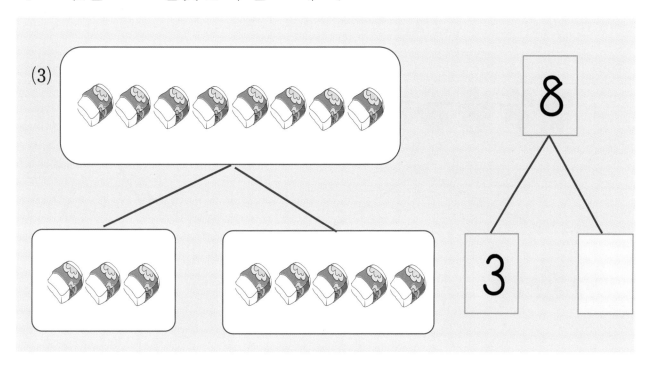

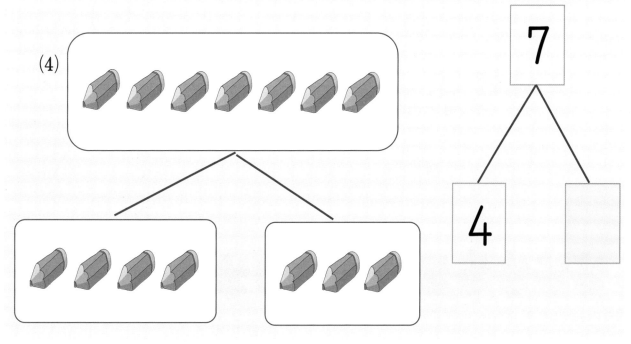

6. 10까지의 수 가르기

⭐ 그림을 보고 알맞은 수를 쓰세요.

(1)

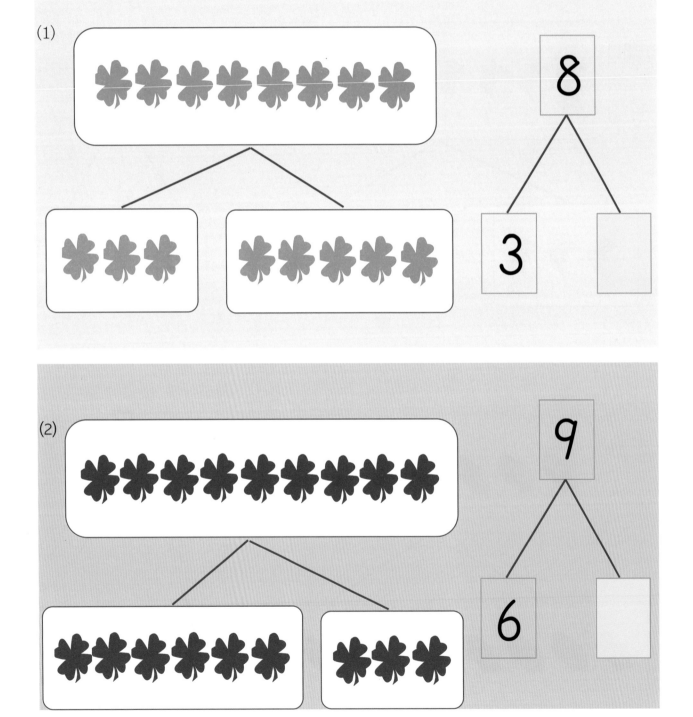

(2)

6. 10까지의 수 가르기

☆ 그림을 보고 알맞은 수를 쓰세요.

(3)

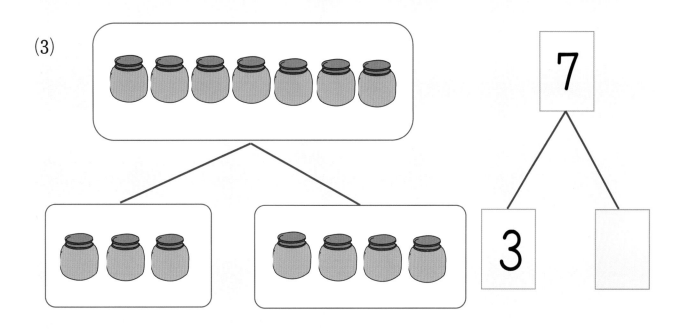

(4)

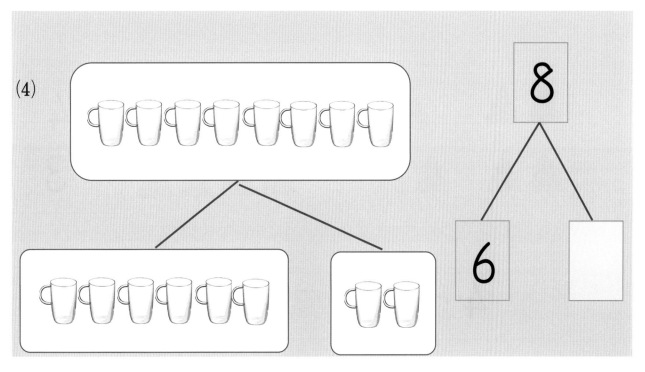

7. 10 이하의 덧셈

⭐ 덧셈을 하세요.

(1)

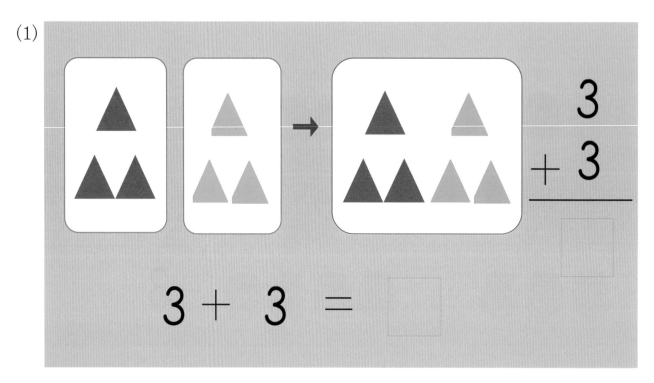

$$3 + 3 = \boxed{}$$

$$\begin{array}{r} 3 \\ + 3 \\ \hline \boxed{} \end{array}$$

(2)

$$4 + 3 = \boxed{}$$

$$\begin{array}{r} 4 \\ + 3 \\ \hline \boxed{} \end{array}$$

7. 10 이하의 덧셈

⭐ 덧셈을 하세요.

(3)

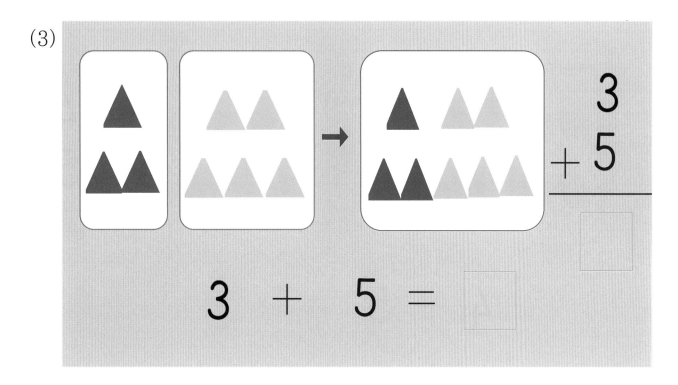

$$3 + 5 = \boxed{}$$

$$\begin{array}{r} 3 \\ + 5 \\ \hline \boxed{} \end{array}$$

(4)

$$2 + 7 = \boxed{}$$

$$\begin{array}{r} 2 \\ + 7 \\ \hline \boxed{} \end{array}$$

7. 10 이하의 덧셈

★ 덧셈을 하세요.

(1)

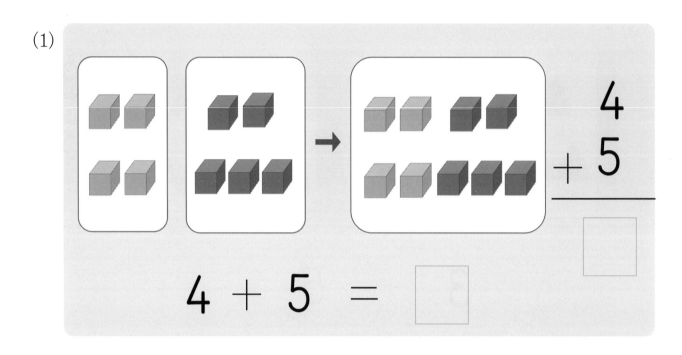

$$4 + 5 = \boxed{}$$

$$\begin{array}{r} 4 \\ + 5 \\ \hline \boxed{} \end{array}$$

(2)

$$3 + 5 = \boxed{}$$

$$\begin{array}{r} 3 \\ + 5 \\ \hline \boxed{} \end{array}$$

7. 10 이하의 덧셈

★ 덧셈을 하세요.

(3)

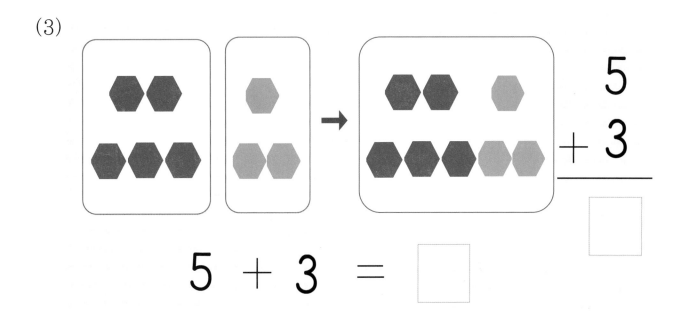

$$5 + 3 = \boxed{}$$

$$\begin{array}{r} 5 \\ + 3 \\ \hline \boxed{} \end{array}$$

(4)

$$3 + 4 = \boxed{}$$

$$\begin{array}{r} 3 \\ + 4 \\ \hline \boxed{} \end{array}$$

7. 10 이하의 덧셈

★ 덧셈을 하세요.

(1)

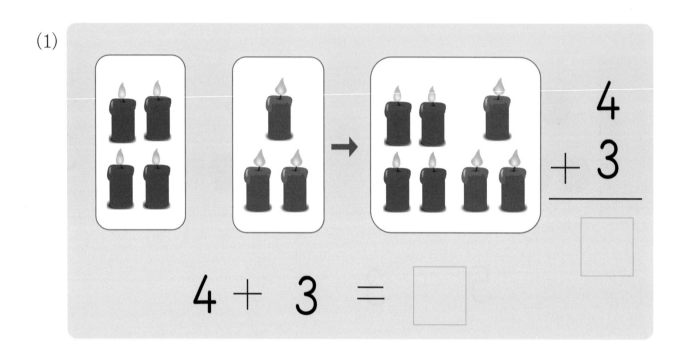

$$4 + 3 = \boxed{}$$

$$\begin{array}{r} 4 \\ + 3 \\ \hline \boxed{} \end{array}$$

(2)

$$3 + 5 = \boxed{}$$

$$\begin{array}{r} 3 \\ + 5 \\ \hline \boxed{} \end{array}$$

7. 10 이하의 덧셈

⭐ 덧셈을 하세요.

(3)

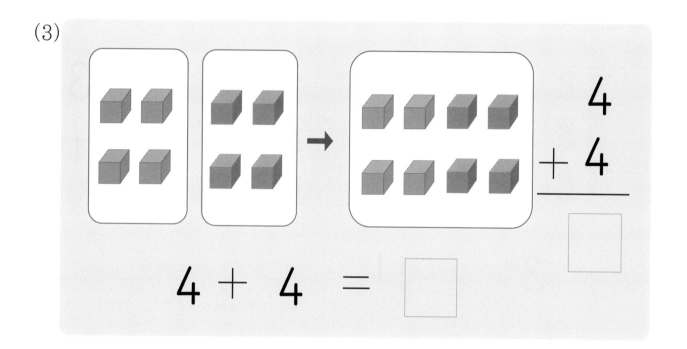

$$4 + 4 = \boxed{}$$

$$\begin{array}{r} 4 \\ + 4 \\ \hline \boxed{} \end{array}$$

(4)

$$2 + 5 = \boxed{}$$

$$\begin{array}{r} 2 \\ + 5 \\ \hline \boxed{} \end{array}$$

8. 11~20 까지의 덧셈

★ 덧셈을 하세요.

(1)

$$3 \quad + \quad 11 \quad = \quad \boxed{}$$

$$\begin{array}{r} 3 \\ +11 \\ \hline \boxed{} \end{array}$$

(2)

$$3 \quad + \quad 12 \quad = \quad \boxed{}$$

$$\begin{array}{r} 3 \\ +12 \\ \hline \boxed{} \end{array}$$

8. 11~20 까지의 덧셈

⭐ 덧셈을 하세요.

(3)

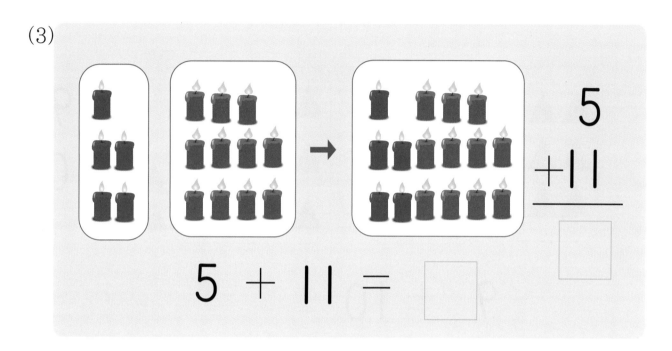

$$5 + 11 = \boxed{}$$

$$\begin{array}{r} 5 \\ + 11 \\ \hline \boxed{} \end{array}$$

(4)

$$12 + 5 = \boxed{}$$

$$\begin{array}{r} 12 \\ + 5 \\ \hline \boxed{} \end{array}$$

8. 11~20 까지의 덧셈

★ 덧셈을 하세요.

(1)

$$9 + 10 = \boxed{}$$

$$\begin{array}{r} 9 \\ +10 \\ \hline \end{array}$$

(2)

$$6 + 12 = \boxed{}$$

$$\begin{array}{r} 6 \\ +12 \\ \hline \end{array}$$

8. 11~20 까지의 덧셈

⭐ 덧셈을 하세요.

(3)

$$7 + 10 = \boxed{}$$

$$\begin{array}{r} 7 \\ +10 \\ \hline \boxed{} \end{array}$$

(4)

$$8 + 8 = \boxed{}$$

$$\begin{array}{r} 8 \\ + 8 \\ \hline \boxed{} \end{array}$$

8. 11~20 까지의 덧셈

⭐ 덧셈을 하세요.

(1)

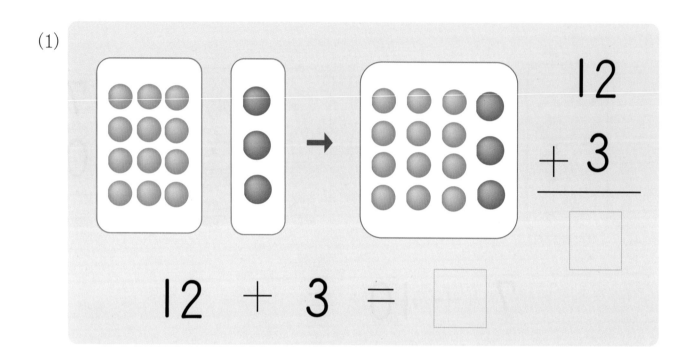

$$12 + 3 = \boxed{}$$

$$\begin{array}{r} 12 \\ + 3 \\ \hline \boxed{} \end{array}$$

(2)

$$9 + 9 = \boxed{}$$

$$\begin{array}{r} 9 \\ + 9 \\ \hline \boxed{} \end{array}$$

8. 11~20 까지의 덧셈

★ 덧셈을 하세요.

(3)

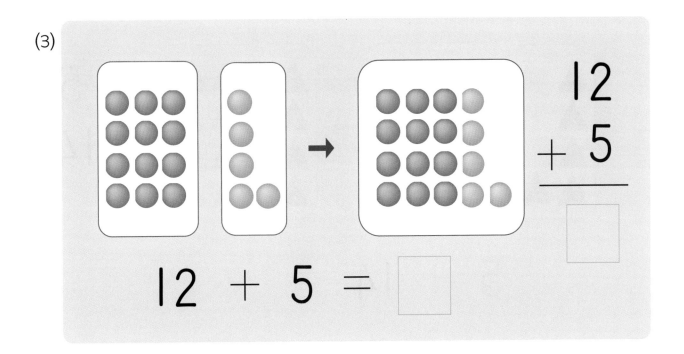

$$12 + 5 = \boxed{}$$

$$\begin{array}{r} 12 \\ +5 \\ \hline \boxed{} \end{array}$$

(4)

$$14 + 5 = \boxed{}$$

$$\begin{array}{r} 14 \\ +5 \\ \hline \boxed{} \end{array}$$

8. 11~20 까지의 덧셈

⭐덧셈을 하세요.

(1)

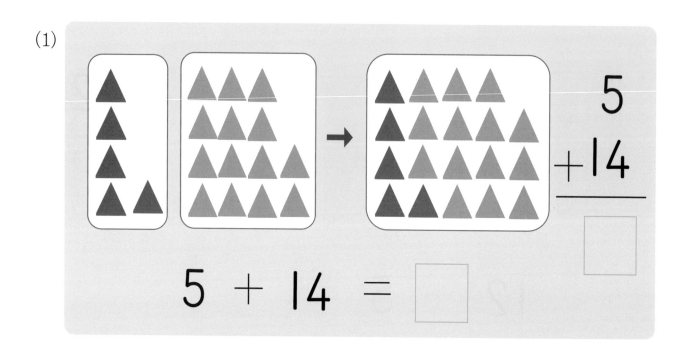

$$5 + 14 = \boxed{}$$

$$\begin{array}{r} 5 \\ +14 \\ \hline \boxed{} \end{array}$$

(2)

$$5 + 12 = \boxed{}$$

$$\begin{array}{r} 5 \\ +12 \\ \hline \boxed{} \end{array}$$

8. 11~20 까지의 덧셈

⭐ 덧셈을 하세요.

(3)

$$7 + 9 = \boxed{}$$

$$\begin{array}{r} 7 \\ + 9 \\ \hline \boxed{} \end{array}$$

(4)

$$9 + 9 = \boxed{}$$

$$\begin{array}{r} 9 \\ + 9 \\ \hline \boxed{} \end{array}$$

8. 11~20 까지의 덧셈

⭐ 덧셈을 하세요.

(1)

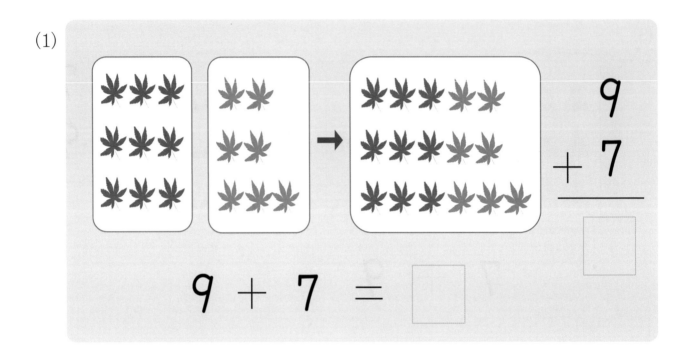

$9 + 7 = \boxed{}$

$$\begin{array}{r} 9 \\ + 7 \\ \hline \boxed{} \end{array}$$

(2)

$7 + 11 = \boxed{}$

$$\begin{array}{r} 7 \\ + 11 \\ \hline \boxed{} \end{array}$$

8. 11~20 까지의 덧셈

⭐ 덧셈을 하세요.

(3)

$$8 + 9 = \boxed{}$$

$$\begin{array}{r} 8 \\ + 9 \\ \hline \boxed{} \end{array}$$

(4)

$$12 + 6 = \boxed{}$$

$$\begin{array}{r} 12 \\ + 6 \\ \hline \boxed{} \end{array}$$

8. 11~20 까지의 덧셈

⭐ 덧셈을 하세요.

(1)

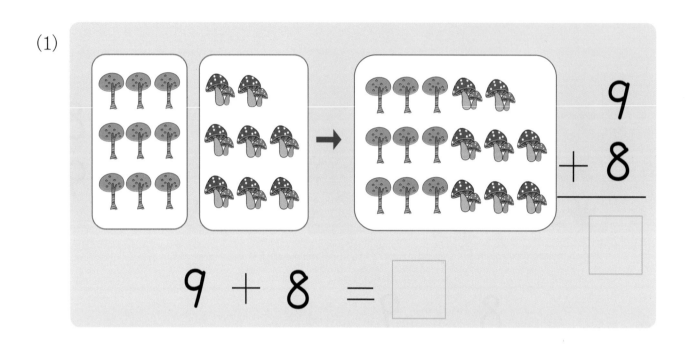

$$9 + 8 = \boxed{}$$

$$\begin{array}{r} 9 \\ + 8 \\ \hline \boxed{} \end{array}$$

(2)

$$10 + 6 = \boxed{}$$

$$\begin{array}{r} 10 \\ + 6 \\ \hline \boxed{} \end{array}$$

8. 11~20 까지의 덧셈

⭐ 덧셈을 하세요.

(3)

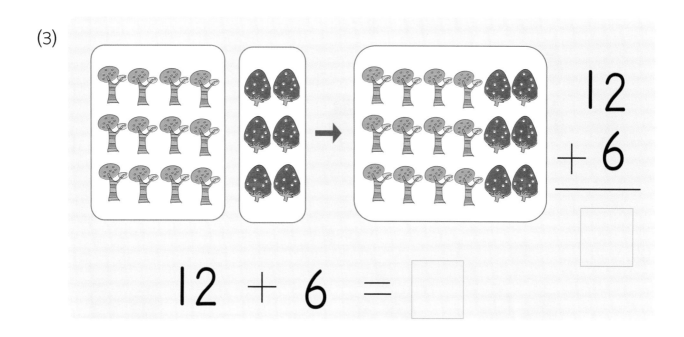

$$12 + 6 = \boxed{}$$

$$\begin{array}{r} 12 \\ + 6 \\ \hline \boxed{} \end{array}$$

(4)

$$8 + 7 = \boxed{}$$

$$\begin{array}{r} 8 \\ + 7 \\ \hline \boxed{} \end{array}$$

9. 10 이하의 뺄셈

⭐ 뺄셈을 하세요.

(1)

$$7 - 3 = \boxed{}$$

(2)

$$8 - 4 = \boxed{}$$

(3)

$$9 - 5 = \boxed{}$$

9. 10 이하의 뺄셈

★ 뺄셈을 하세요.

(4)

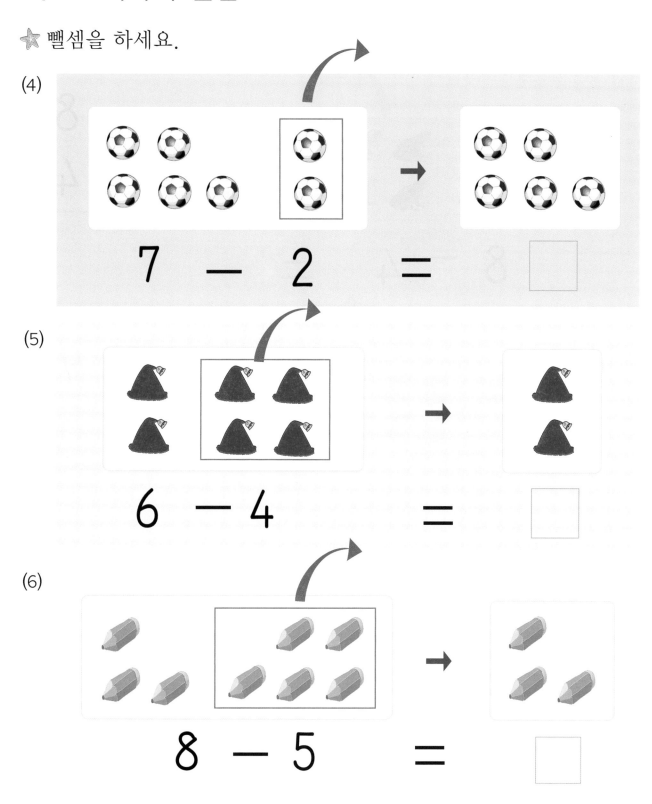

$$7 - 2 = $$

(5)

$$6 - 4 = $$

(6)

$$8 - 5 = $$

9. 10 이하의 뺄셈

⭐ 뺄셈을 하세요.

(1)

$$8 - 4 =$$

$$\begin{array}{r} 8 \\ - 4 \\ \hline \end{array}$$

(2)

$$9 - 5 =$$

$$\begin{array}{r} 9 \\ - 5 \\ \hline \end{array}$$

(3)

$$7 - 4 =$$

$$\begin{array}{r} 7 \\ - 4 \\ \hline \end{array}$$

9. 10 이하의 뺄셈

⭐ 뺄셈을 하세요.

(4)

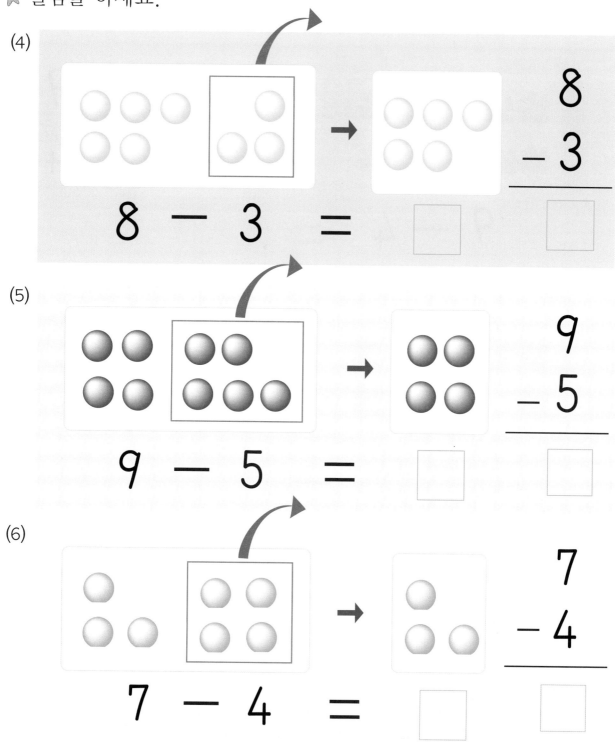

$$8 - 3 = \boxed{} \qquad \begin{array}{r} 8 \\ -\ 3 \\ \hline \boxed{} \end{array}$$

(5)

$$9 - 5 = \boxed{} \qquad \begin{array}{r} 9 \\ -\ 5 \\ \hline \boxed{} \end{array}$$

(6)

$$7 - 4 = \boxed{} \qquad \begin{array}{r} 7 \\ -\ 4 \\ \hline \boxed{} \end{array}$$

9. 10 이하의 뺄셈

⭐ 뺄셈을 하세요.

(1)

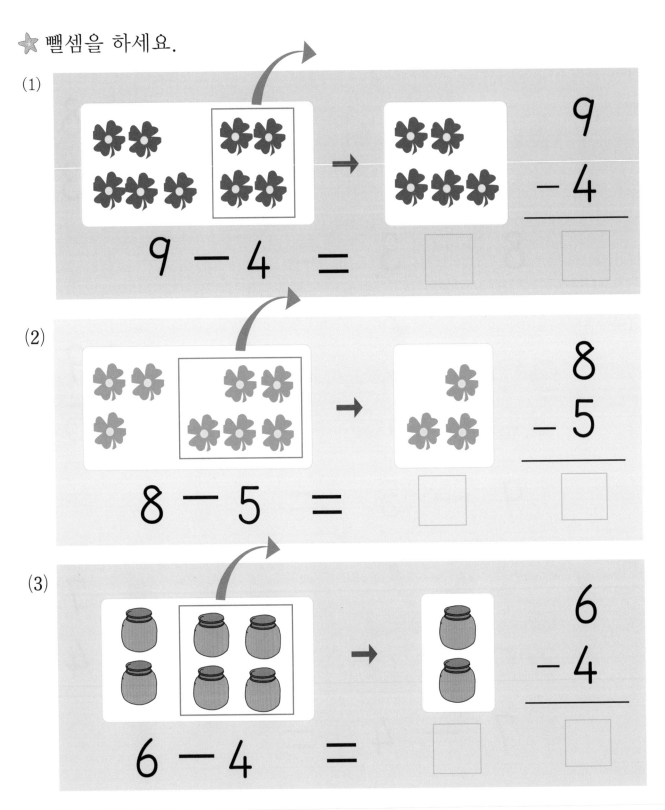

$$9 - 4 =$$

$$\begin{array}{r} 9 \\ -\ 4 \\ \hline \end{array}$$

(2)

$$8 - 5 =$$

$$\begin{array}{r} 8 \\ -\ 5 \\ \hline \end{array}$$

(3)

$$6 - 4 =$$

$$\begin{array}{r} 6 \\ -\ 4 \\ \hline \end{array}$$

9. 10 이하의 뺄셈

⭐ 뺄셈을 하세요.

(4)

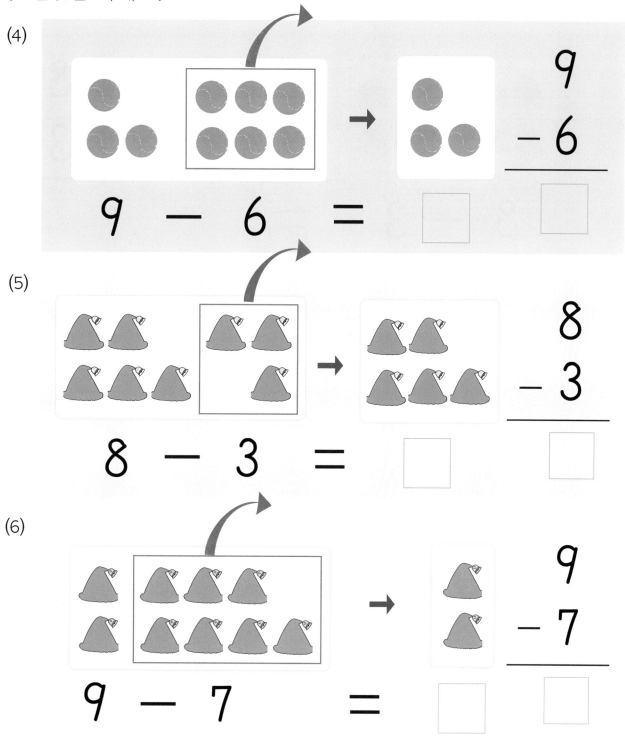

$$9 - 6 = \boxed{}$$

$$\begin{array}{r} 9 \\ -\ 6 \\ \hline \boxed{} \end{array}$$

(5)

$$8 - 3 = \boxed{}$$

$$\begin{array}{r} 8 \\ -\ 3 \\ \hline \boxed{} \end{array}$$

(6)

$$9 - 7 = \boxed{}$$

$$\begin{array}{r} 9 \\ -\ 7 \\ \hline \boxed{} \end{array}$$

9. 10 이하의 뺄셈

★ 뺄셈을 하세요.

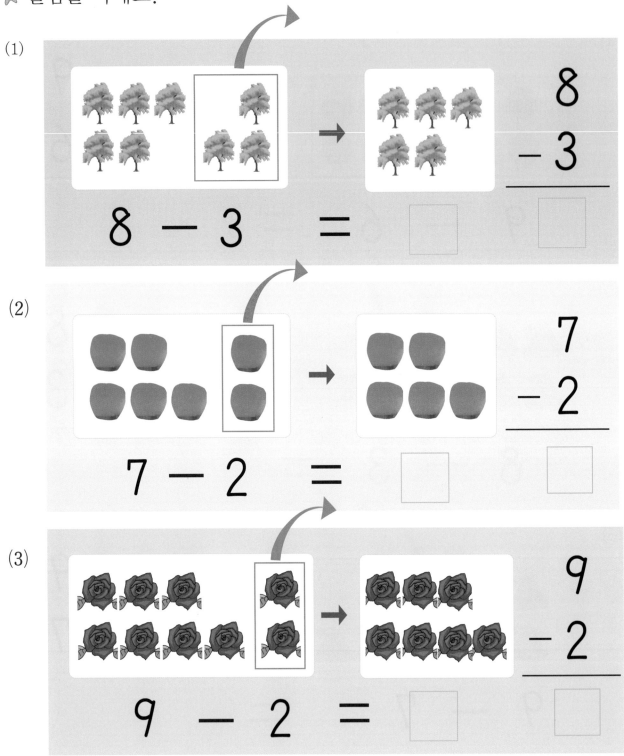

(1)

$8 - 3 =$ ☐

$$8 \\ -\ 3 \\ \overline{}$$ ☐

(2)

$7 - 2 =$ ☐

$$7 \\ -\ 2 \\ \overline{}$$ ☐

(3)

$9 - 2 =$ ☐

$$9 \\ -\ 2 \\ \overline{}$$ ☐

9. 10 이하의 뺄셈

★ 뺄셈을 하세요.

(4)

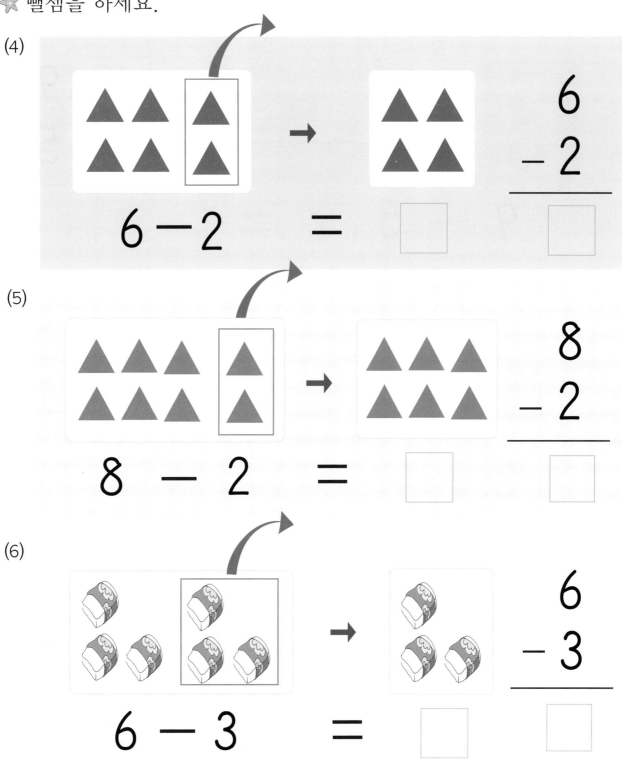

$$6 - 2 = \boxed{}$$

$$\begin{array}{r} 6 \\ -\ 2 \\ \hline \boxed{} \end{array}$$

(5)

$$8 - 2 = \boxed{}$$

$$\begin{array}{r} 8 \\ -\ 2 \\ \hline \boxed{} \end{array}$$

(6)

$$6 - 3 = \boxed{}$$

$$\begin{array}{r} 6 \\ -\ 3 \\ \hline \boxed{} \end{array}$$

9. 10 이하의 뺄셈

★ 뺄셈을 하세요.

(1)

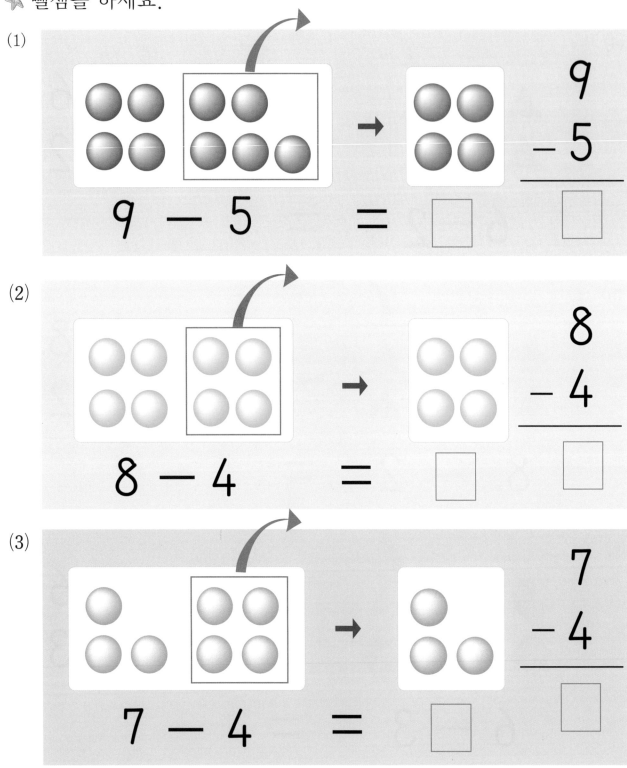

$$9 - 5 = \boxed{}$$

$$\begin{array}{r} 9 \\ -\ 5 \\ \hline \boxed{} \end{array}$$

(2)

$$8 - 4 = \boxed{}$$

$$\begin{array}{r} 8 \\ -\ 4 \\ \hline \boxed{} \end{array}$$

(3)

$$7 - 4 = \boxed{}$$

$$\begin{array}{r} 7 \\ -\ 4 \\ \hline \boxed{} \end{array}$$

9. 10 이하의 뺄셈

★ 뺄셈을 하세요.

(4)

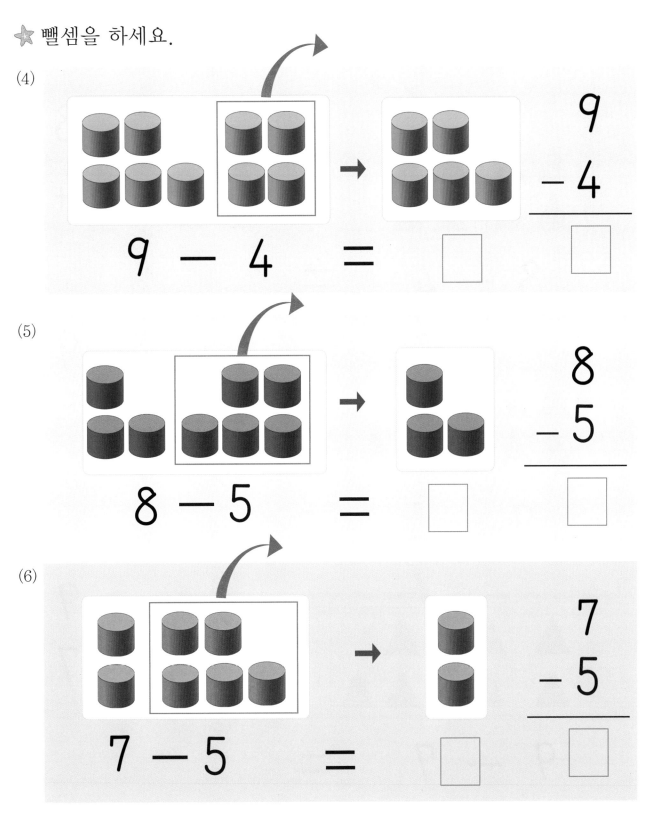

$$9 - 4 = \boxed{}$$

$$\begin{array}{r} 9 \\ -\ 4 \\ \hline \boxed{} \end{array}$$

(5)

$$8 - 5 = \boxed{}$$

$$\begin{array}{r} 8 \\ -\ 5 \\ \hline \boxed{} \end{array}$$

(6)

$$7 - 5 = \boxed{}$$

$$\begin{array}{r} 7 \\ -\ 5 \\ \hline \boxed{} \end{array}$$

9. 10 이하의 뺄셈

☆ 뺄셈을 하세요.

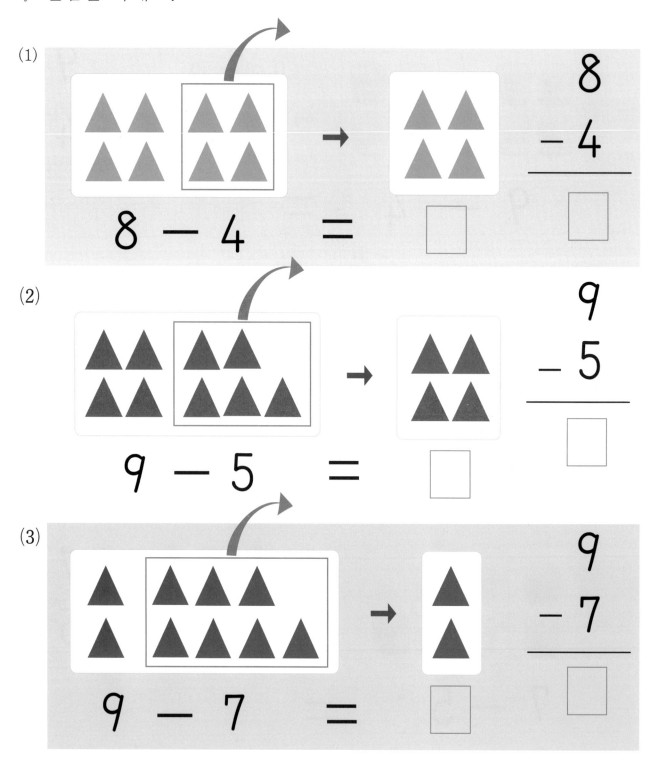

(1)

$$8 - 4 = \boxed{}$$

$$\begin{array}{r} 8 \\ -\ 4 \\ \hline \boxed{} \end{array}$$

(2)

$$9 - 5 = \boxed{}$$

$$\begin{array}{r} 9 \\ -\ 5 \\ \hline \boxed{} \end{array}$$

(3)

$$9 - 7 = \boxed{}$$

$$\begin{array}{r} 9 \\ -\ 7 \\ \hline \boxed{} \end{array}$$

9. 10 이하의 뺄셈

★ 뺄셈을 하세요.

(4)

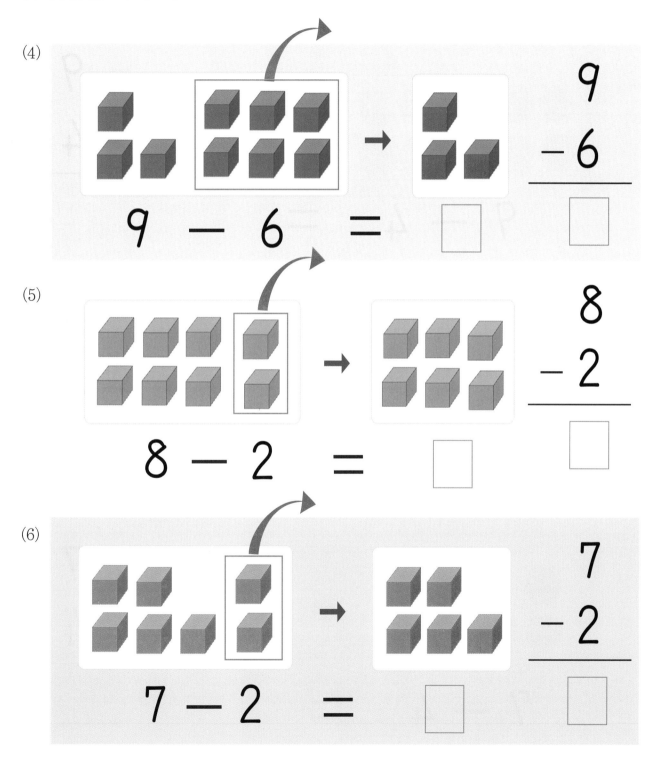

$$9 - 6 = \boxed{}$$

$$\begin{array}{r} 9 \\ -\,6 \\ \hline \boxed{} \end{array}$$

(5)

$$8 - 2 = \boxed{}$$

$$\begin{array}{r} 8 \\ -\,2 \\ \hline \boxed{} \end{array}$$

(6)

$$7 - 2 = \boxed{}$$

$$\begin{array}{r} 7 \\ -\,2 \\ \hline \boxed{} \end{array}$$

9. 10 이하의 뺄셈

⭐ 뺄셈을 하세요.

(1)

$$9 - 4 = \boxed{}$$

$$\begin{array}{r} 9 \\ -\ 4 \\ \hline \boxed{} \end{array}$$

(2)

$$8 - 3 = \boxed{}$$

$$\begin{array}{r} 8 \\ -\ 3 \\ \hline \boxed{} \end{array}$$

(3)

$$7 - 4 = \boxed{}$$

$$\begin{array}{r} 7 \\ -\ 4 \\ \hline \boxed{} \end{array}$$

9. 10 이하의 뺄셈

⭐ 뺄셈을 하세요.

(4)

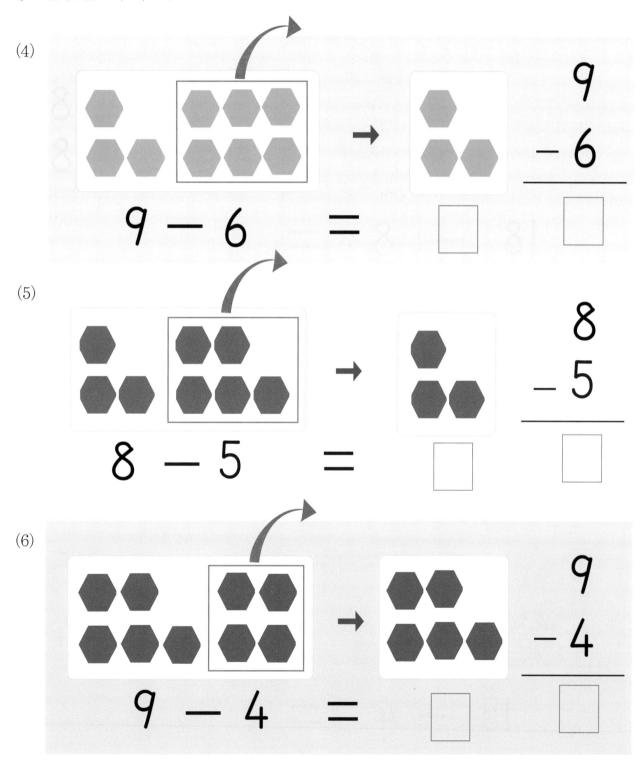

$$9 - 6 =$$

$$\begin{array}{r} 9 \\ -\ 6 \\ \hline \end{array}$$

(5)

$$8 - 5 =$$

$$\begin{array}{r} 8 \\ -\ 5 \\ \hline \end{array}$$

(6)

$$9 - 4 =$$

$$\begin{array}{r} 9 \\ -\ 4 \\ \hline \end{array}$$

10. 11~ 20까지의 뺄셈

⭐ 뺄셈을 하세요.

(1)

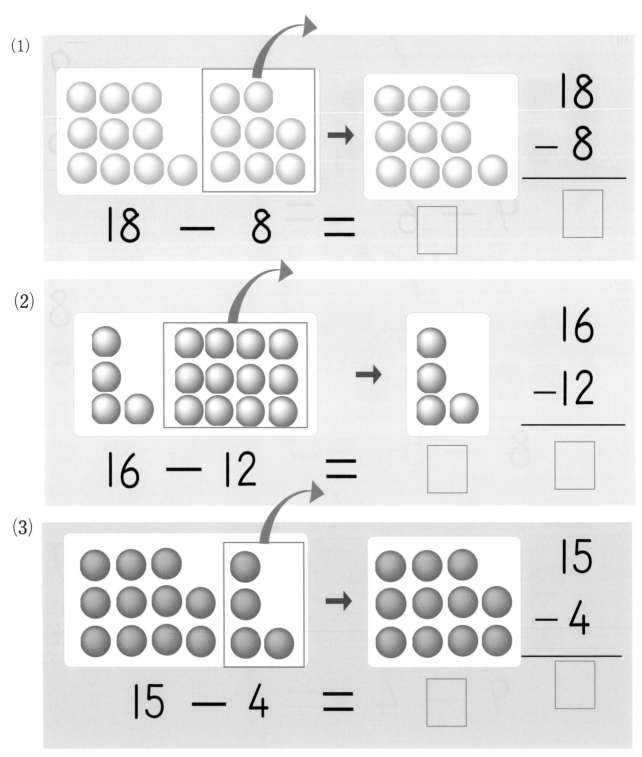

$$18 - 8 = \boxed{}$$

$$\begin{array}{r} 18 \\ -\ 8 \\ \hline \boxed{} \end{array}$$

(2)

$$16 - 12 = \boxed{}$$

$$\begin{array}{r} 16 \\ -12 \\ \hline \boxed{} \end{array}$$

(3)

$$15 - 4 = \boxed{}$$

$$\begin{array}{r} 15 \\ -\ 4 \\ \hline \boxed{} \end{array}$$

10. 11~ 20까지의 뺄셈

☆ 뺄셈을 하세요.

(4)

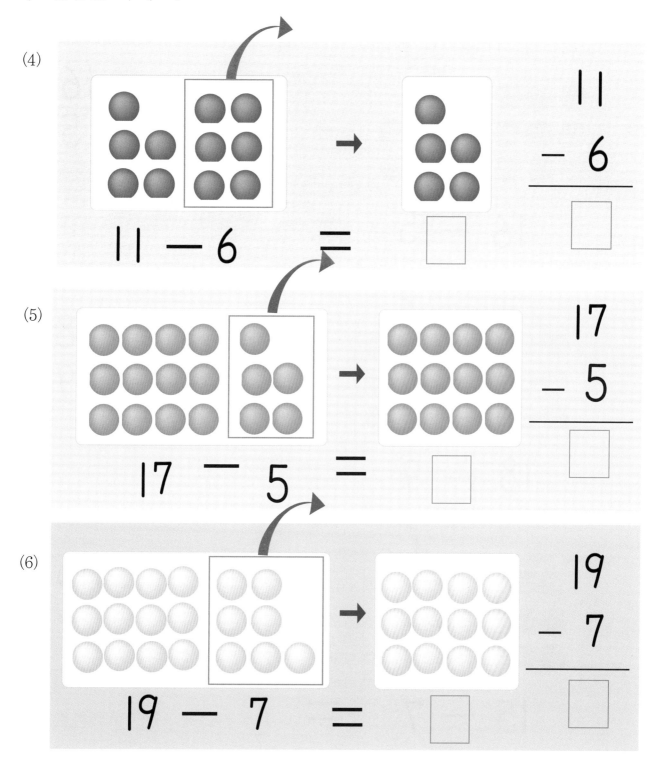

(5)

(6)

10. 11~ 20까지의 뺄셈

⭐ 뺄셈을 하세요.

(1)

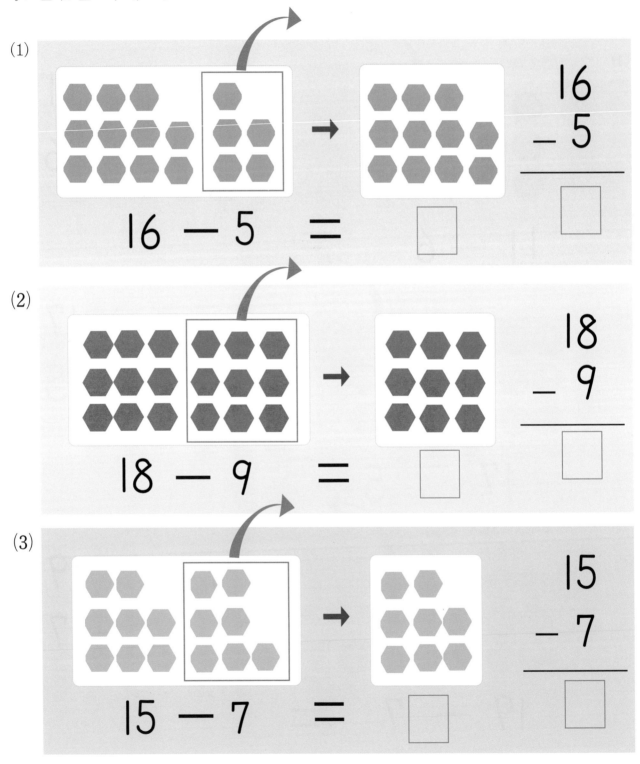

16 − 5 = ☐

$$16 - 5 = \boxed{}$$

(2)

18 − 9 = ☐

$$18 - 9 = \boxed{}$$

(3)

15 − 7 = ☐

$$15 - 7 = \boxed{}$$

10. 11~ 20까지의 뺄셈

★ 뺄셈을 하세요.

(4)

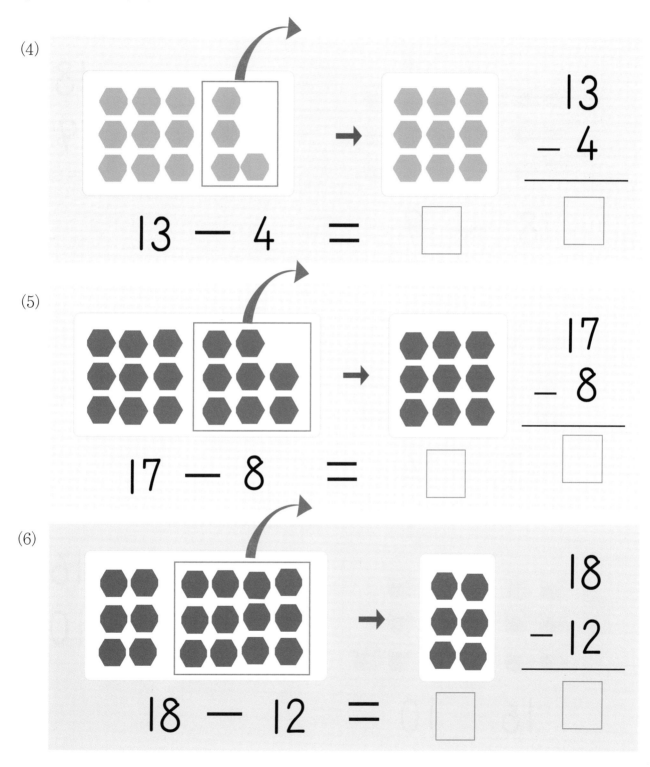

$$13 - 4 = \boxed{}$$

$$\begin{array}{r} 13 \\ -\ 4 \\ \hline \boxed{} \end{array}$$

(5)

$$17 - 8 = \boxed{}$$

$$\begin{array}{r} 17 \\ -\ 8 \\ \hline \boxed{} \end{array}$$

(6)

$$18 - 12 = \boxed{}$$

$$\begin{array}{r} 18 \\ -\ 12 \\ \hline \boxed{} \end{array}$$

10. 11~ 20 까지의 뺄셈

★ 뺄셈을 하세요.

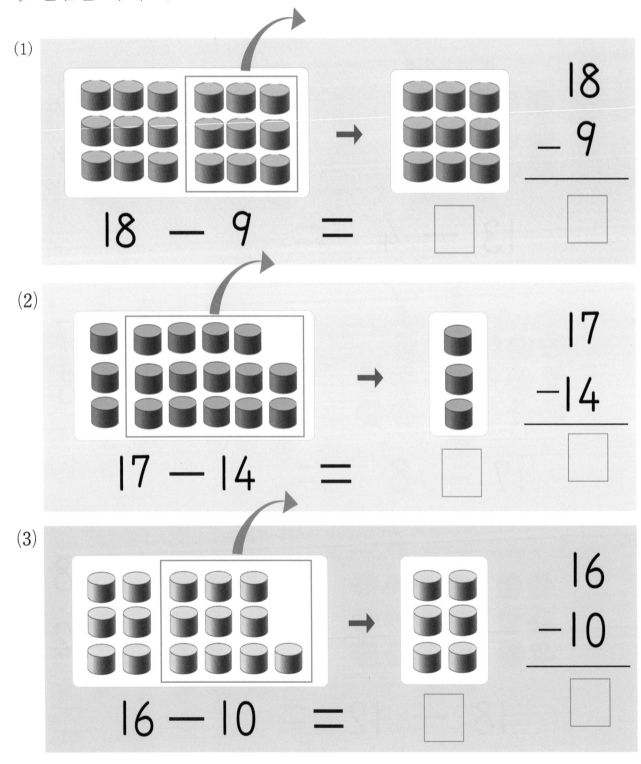

(1) 18 − 9 =

(2) 17 − 14 =

(3) 16 − 10 =

10. 11~ 20 까지의 뺄셈

★ 뺄셈을 하세요.

(4)

$$15 - 4 = \boxed{}$$

$$\begin{array}{r} 15 \\ -\ 4 \\ \hline \boxed{} \end{array}$$

(5)

$$19 - 14 = \boxed{}$$

$$\begin{array}{r} 19 \\ -14 \\ \hline \boxed{} \end{array}$$

(6)

$$16 - 12 = \boxed{}$$

$$\begin{array}{r} 16 \\ -12 \\ \hline \boxed{} \end{array}$$

10. 11~ 20까지의 뺄셈

⭐ 뺄셈을 하세요.

(1)

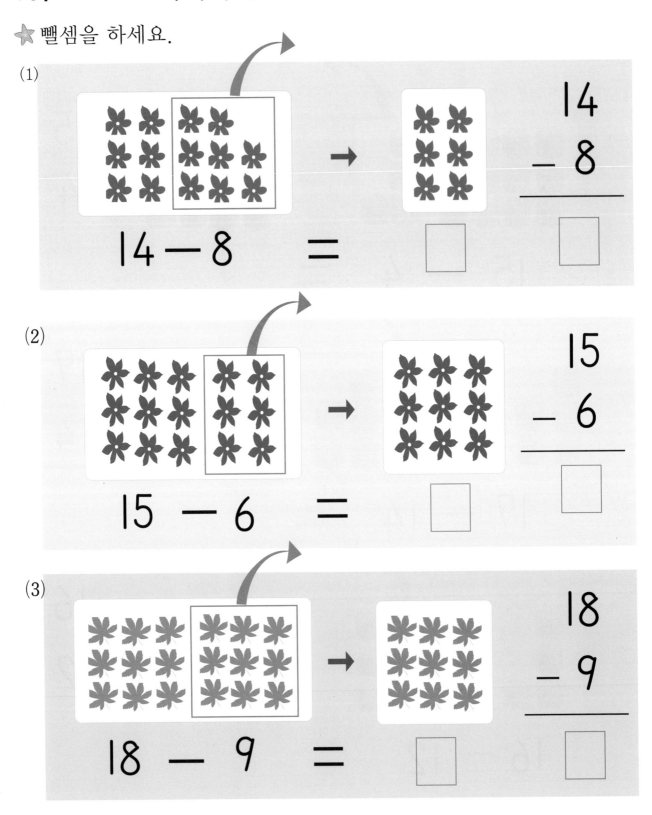

14 − 8 = ☐

$$\begin{array}{r} 14 \\ -\ 8 \\ \hline \end{array}$$

(2)

15 − 6 = ☐

$$\begin{array}{r} 15 \\ -\ 6 \\ \hline \end{array}$$

(3)

18 − 9 = ☐

$$\begin{array}{r} 18 \\ -\ 9 \\ \hline \end{array}$$

10. 11~ 20까지의 뺄셈

★ 뺄셈을 하세요.

(4)

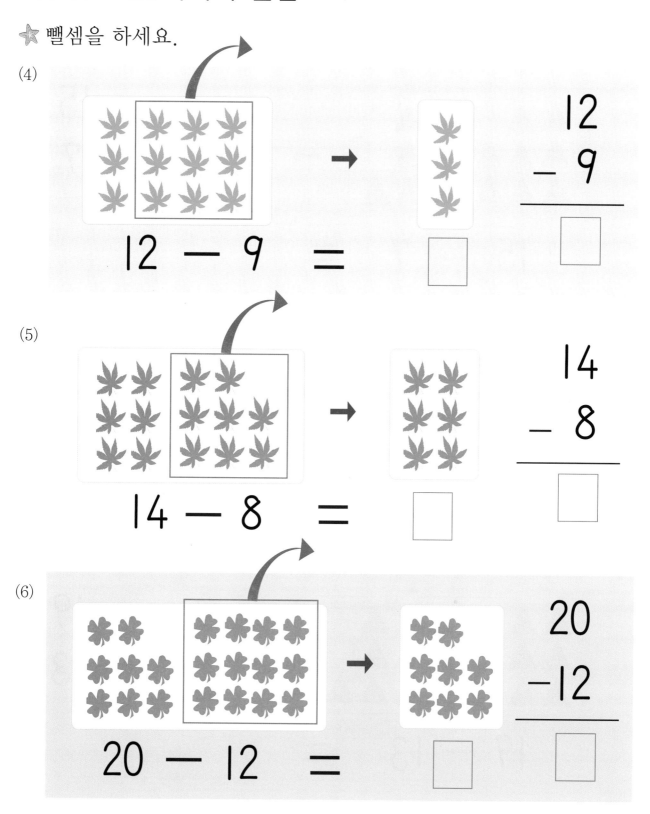

$$12 - 9 = \boxed{}$$

$$\begin{array}{r} 12 \\ -\ 9 \\ \hline \boxed{} \end{array}$$

(5)

$$14 - 8 = \boxed{}$$

$$\begin{array}{r} 14 \\ -\ 8 \\ \hline \boxed{} \end{array}$$

(6)

$$20 - 12 = \boxed{}$$

$$\begin{array}{r} 20 \\ -12 \\ \hline \boxed{} \end{array}$$

10. 11~ 20까지의 뺄셈

★ 뺄셈을 하세요.

(1)

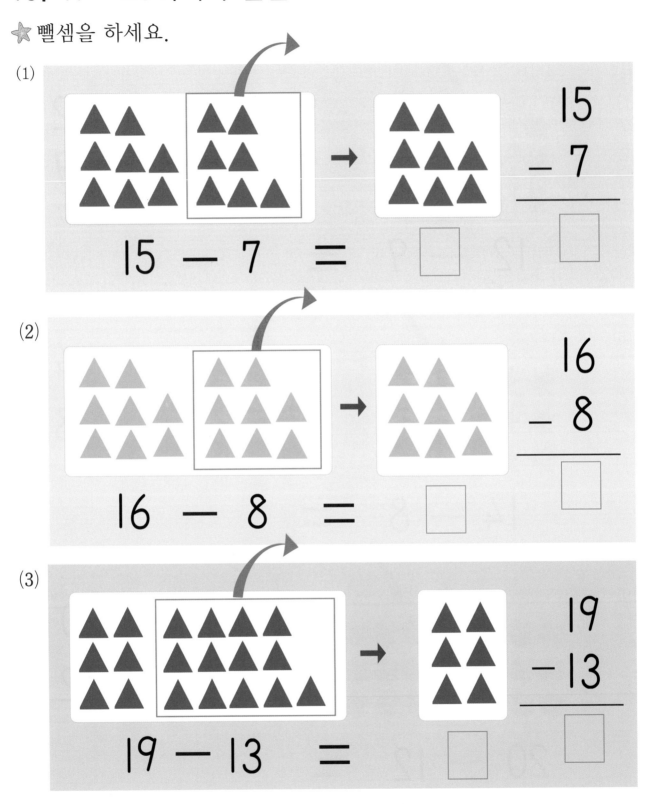

$$15 - 7 = \boxed{}$$

$$\begin{array}{r} 15 \\ -\ 7 \\ \hline \boxed{} \end{array}$$

(2)

$$16 - 8 = \boxed{}$$

$$\begin{array}{r} 16 \\ -\ 8 \\ \hline \boxed{} \end{array}$$

(3)

$$19 - 13 = \boxed{}$$

$$\begin{array}{r} 19 \\ -\ 13 \\ \hline \boxed{} \end{array}$$

10. 11~ 20까지의 뺄셈

☆ 뺄셈을 하세요..

(4)

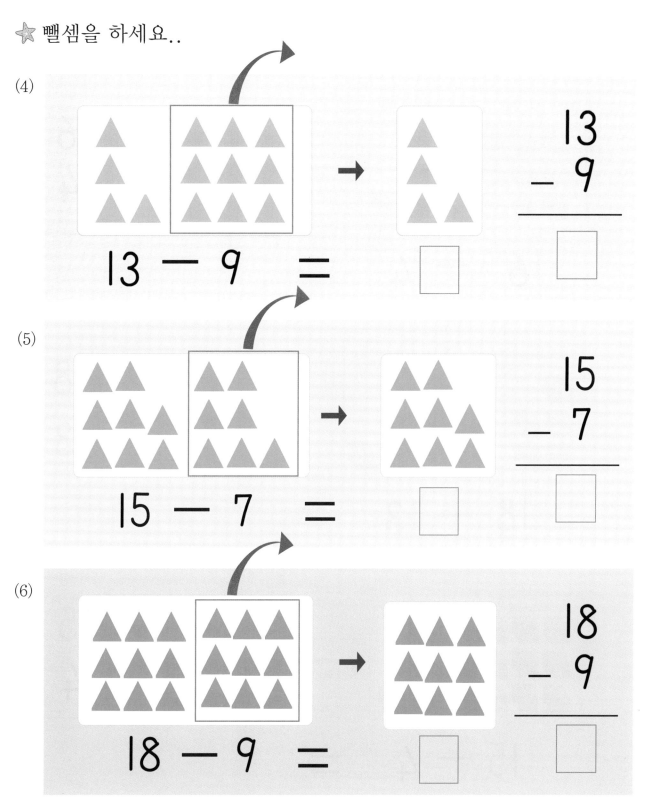

$13 - 9 =$

(5)

$15 - 7 =$

(6)

$18 - 9 =$

$$\begin{array}{r} 13 \\ -\ 9 \\ \hline \end{array}$$

$$\begin{array}{r} 15 \\ -\ 7 \\ \hline \end{array}$$

$$\begin{array}{r} 18 \\ -\ 9 \\ \hline \end{array}$$

10. 11~ 20까지의 뺄셈

★ 뺄셈을 하세요.

(1)

$$16 - 4 = \boxed{}$$

$$\begin{array}{r} 16 \\ -\ 4 \\ \hline \boxed{} \end{array}$$

(2)

$$18 - 13 = \boxed{}$$

$$\begin{array}{r} 18 \\ -13 \\ \hline \boxed{} \end{array}$$

(3)

$$15 - 4 = \boxed{}$$

$$\begin{array}{r} 15 \\ -\ 4 \\ \hline \boxed{} \end{array}$$

10. 11~ 20까지의 뺄셈

★ 뺄셈을 하세요.

(4)

$17 - 8 = \boxed{}$

$$\begin{array}{r} 17 \\ -\ 8 \\ \hline \boxed{} \end{array}$$

(5)

$16 - 7 = \boxed{}$

$$\begin{array}{r} 16 \\ -\ 7 \\ \hline \boxed{} \end{array}$$

(6)

$13 - 5 = \boxed{}$

$$\begin{array}{r} 13 \\ -\ 5 \\ \hline \boxed{} \end{array}$$

10. 11~ 20까지의 뺄셈

★ 뺄셈을 하세요.

(1)

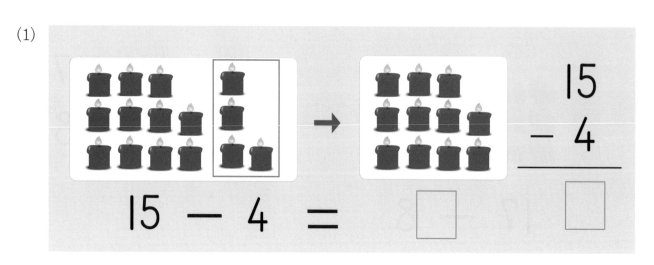

$$15 - 4 = \square$$

$$\begin{array}{r} 15 \\ -\ 4 \\ \hline \square \end{array}$$

(2)

$$16 - 7 = \square$$

$$\begin{array}{r} 16 \\ -\ 7 \\ \hline \square \end{array}$$

(3)

$$14 - 8 = \square$$

$$\begin{array}{r} 14 \\ -\ 8 \\ \hline \square \end{array}$$

10. 11~ 20까지의 뺄셈

★ 뺄셈을 하세요.

(4)

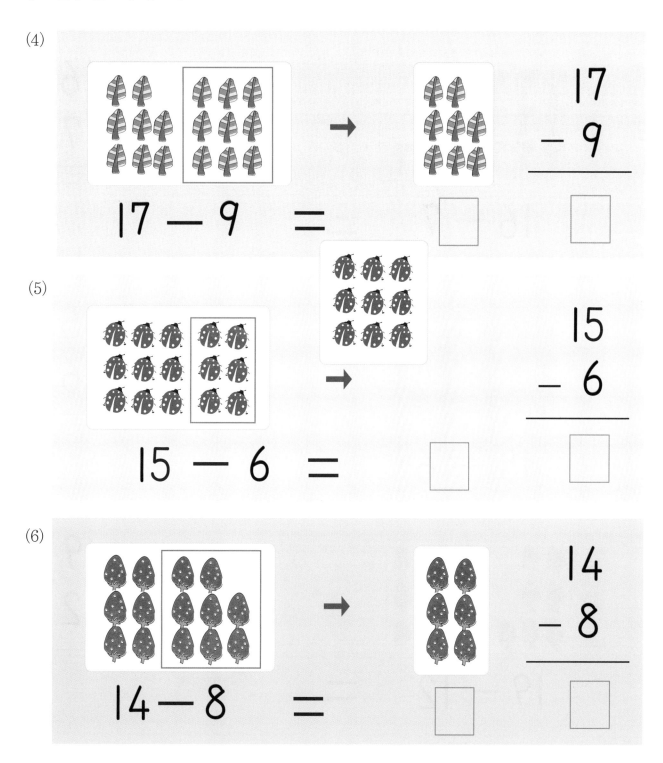

$$17 - 9 = \boxed{}$$

$$\begin{array}{r} 17 \\ -\ 9 \\ \hline \boxed{} \end{array}$$

(5)

$$15 - 6 = \boxed{}$$

$$\begin{array}{r} 15 \\ -\ 6 \\ \hline \boxed{} \end{array}$$

(6)

$$14 - 8 = \boxed{}$$

$$\begin{array}{r} 14 \\ -\ 8 \\ \hline \boxed{} \end{array}$$

10. 11~ 20까지의 뺄셈

★ 뺄셈을 하세요.

(1)

$$16 - 7 = \boxed{}$$

$$\begin{array}{r} 16 \\ -7 \\ \hline \boxed{} \end{array}$$

(2)

$$15 - 6 = \boxed{}$$

$$\begin{array}{r} 15 \\ -6 \\ \hline \boxed{} \end{array}$$

(3)

$$19 - 12 = \boxed{}$$

$$\begin{array}{r} 19 \\ -12 \\ \hline \boxed{} \end{array}$$

10. 11~ 20까지의 뺄셈

⭐ 뺄셈을 하세요.

(4)

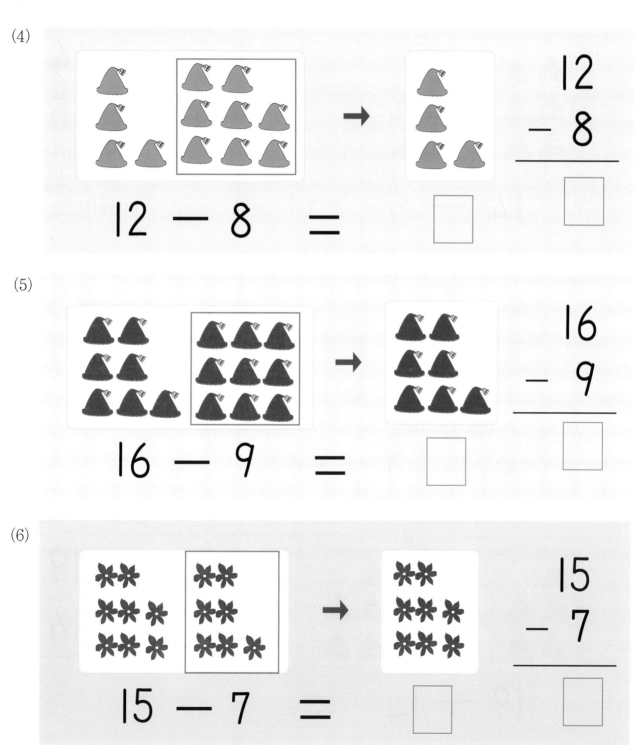

12 − 8 = □

$$12 \atop {-\ 8} \above 0pt \square$$

(5)

16 − 9 = □

$$16 \atop {-\ 9} \above 0pt \square$$

(6)

15 − 7 = □

$$15 \atop {-\ 7} \above 0pt \square$$

10. 11~ 20까지의 뺄셈

★ 뺄셈을 하세요.

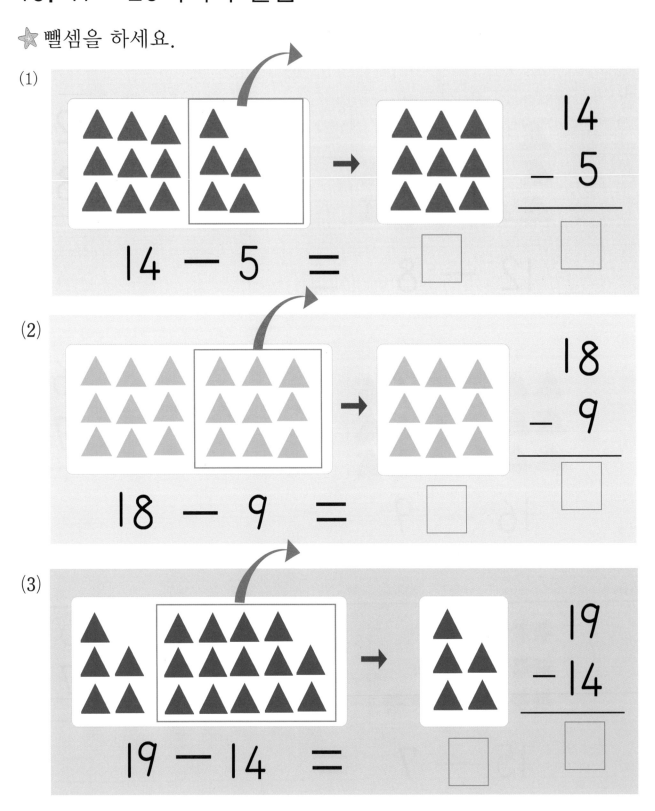

(1)

$14 - 5 =$ □

$$\begin{array}{r} 14 \\ - 5 \\ \hline \square \end{array}$$

(2)

$18 - 9 =$ □

$$\begin{array}{r} 18 \\ - 9 \\ \hline \square \end{array}$$

(3)

$19 - 14 =$ □

$$\begin{array}{r} 19 \\ - 14 \\ \hline \square \end{array}$$

10. 11~ 20까지의 뺄셈

☆ 뺄셈을 하세요.

(4)

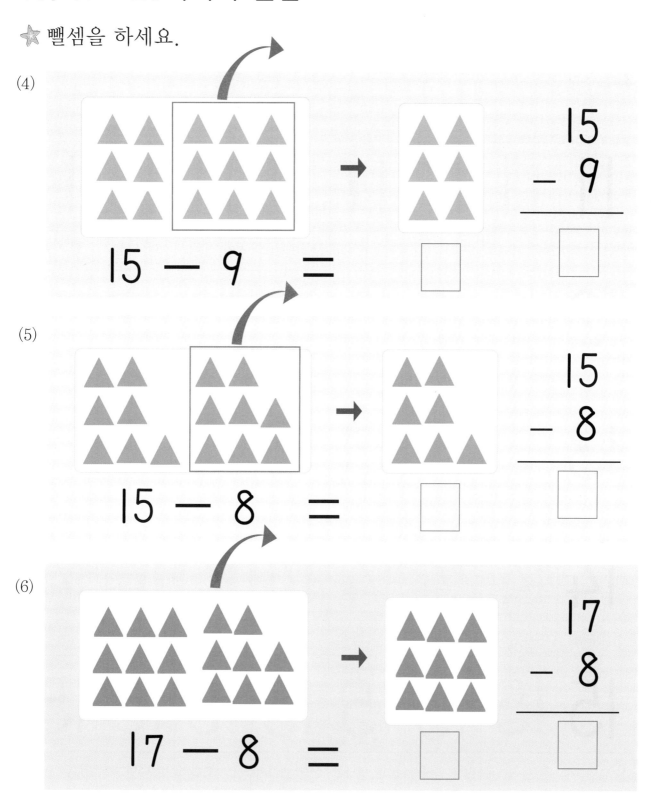

$$15 - 9 =$$

$$\begin{array}{r} 15 \\ -\ 9 \\ \hline \end{array}$$

(5)

$$15 - 8 =$$

$$\begin{array}{r} 15 \\ -\ 8 \\ \hline \end{array}$$

(6)

$$17 - 8 =$$

$$\begin{array}{r} 17 \\ -\ 8 \\ \hline \end{array}$$

11. 11부터 20까지의 수 익히기

⭐ 10부터 14까지의 수를 써 보세요.

수	따라 쓰기
11	11　11　11　11　11　11　11
	십일: 열하나　십일: 열하나　십일: 열하나　십일: 열하나　십일: 열하나　십일: 열하나　십일: 열하나
12	12　12　12　12　12　12　12
	십이: 열둘　십이: 열둘　십이: 열둘　십이: 열둘　십이: 열둘　십이: 열둘　십이: 열둘
13	13　13　13　13　13　13　13
	십삼: 열셋　십삼: 열셋　십삼: 열셋　십삼: 열셋　십삼: 열셋　십삼: 열셋　십삼: 열셋
14	14　14　14　14　14　14　14
	십사: 열넷　십사: 열넷　십사: 열넷　십사: 열넷　십사: 열넷　십사: 열넷　십사: 열넷
15	15　15　15　15　15　15　15
	십오: 열다섯　십오: 열다섯　십오: 열다섯　십오: 열다섯　십오: 열다섯　십오: 열다섯　십오: 열다섯

11. 11부터 20까지의 수 익히기

★ 15부터19까지의 수를 써 보세요.

수	따라 쓰기
16	16 · 16 · 16 · 16 · 16 · 16 · 16
십육: 열여섯	십육: 열여섯 · 십육: 열여섯 · 십육: 열여섯 · 십육: 열여섯 · 십육: 열여섯 · 십육: 열여섯 · 십육: 열여섯
17	17 · 17 · 17 · 17 · 17 · 17 · 17
십칠: 열일곱	십칠: 열일곱 · 십칠: 열일곱 · 십칠: 열일곱 · 십칠: 열일곱 · 십칠: 열일곱 · 십칠: 열일곱 · 십칠: 열일곱
18	18 · 18 · 18 · 18 · 18 · 18 · 18
십팔: 열여덟	십팔: 열여덟 · 십팔: 열여덟 · 십팔: 열여덟 · 십팔: 열여덟 · 십팔: 열여덟 · 십팔: 열여덟 · 십팔: 열여덟
19	19 · 19 · 19 · 19 · 19 · 19 · 19
십구: 열아홉	십구: 열아홉 · 십구: 열아홉 · 십구: 열아홉 · 십구: 열아홉 · 십구: 열아홉 · 십구: 열아홉 · 십구: 열아홉
20	20 · 20 · 20 · 20 · 20 · 20 · 20
이십: 스물	이십: 스물 · 이십: 스물 · 이십: 스물 · 이십: 스물 · 이십: 스물 · 이십: 스물 · 이십: 스물

11. 11부터 20까지의 수 익히기

⭐ 몇 개인지 보기와 같이 쓰고 빈칸에 따라 써 보세요.

(1)
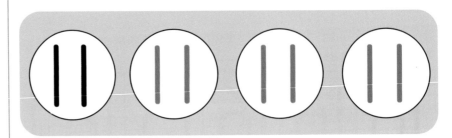

(2)

(3)

(4)

11. 11부터 20까지의 수 익히기

⭐ 몇 개인지 보기와 같이 쓰고 빈칸에 따라 써 보세요.

(1)

(2)

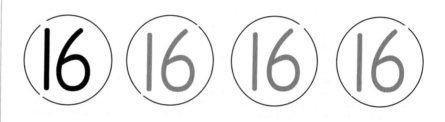

(3)

(4)

11. 11부터 20까지의 수 익히기

⭐ 서로 알맞은 것끼리 선으로 연결해 보세요.

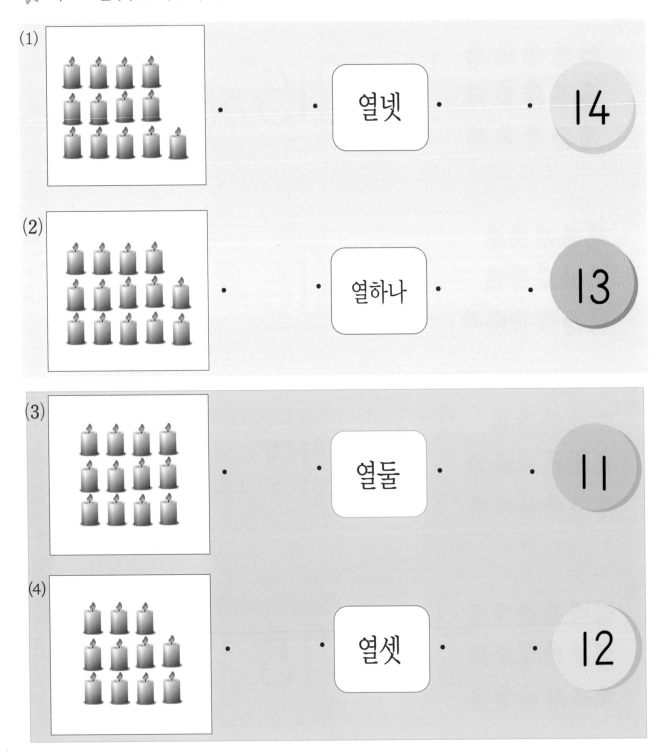

(1) · · 열넷 · · 14

(2) · · 열하나 · · 13

(3) · · 열둘 · · 11

(4) · · 열셋 · · 12

11. 11부터 20까지의 수 익히기

⭐ 서로 알맞은 것끼리 선으로 연결해 보세요.

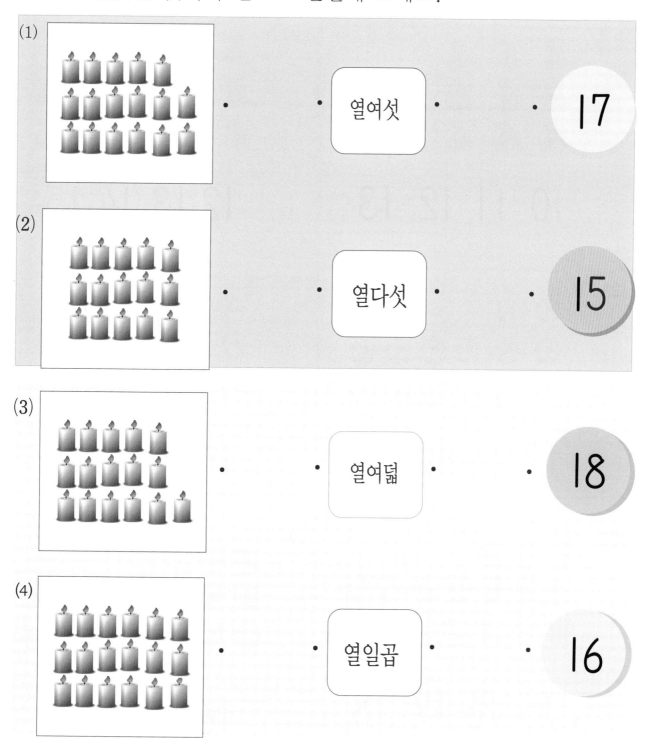

(1)

열여섯 · · 17

(2)

열다섯 · · 15

(3)

열여덟 · · 18

(4)

열일곱 · · 16

11. 11부터 20까지의 수 익히기

⭐ 그림의 수를 세어보고 알맞은 숫자에 ○표를 하세요.

(1)

10 11 12 13

(4)

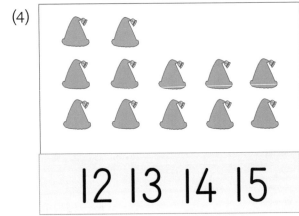

12 13 14 15

(2)

13 14 15 16

(5)

14 15 16 17

(3)

15 16 17 18

(6)

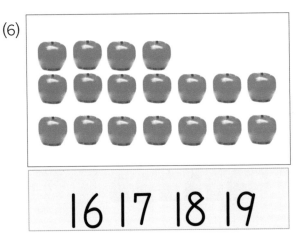

16 17 18 19

11. 11부터 20까지의 수 익히기

⭐ 그림의 수를 세어보고 알맞은 숫자에 ○표를 하세요.

(1)

10 11 12 13

(4)

12 13 14 15

(2)

13 14 15 16

(5)

14 15 16 17

(3)

15 16 17 18

(6)

16 17 18 19

11. 11부터 20까지의 수 익히기

⭐ 그림의 수와 같은 숫자에 ○표 하세요.

(1)

(2)

12 13 14 15

(3)

13 14 15 16

(4)

14 15 16 17

11. 11부터 20까지의 수 익히기

⭐ 그림의 수를 세어보고 알맞은 숫자에 ○표를 하세요.

(1)

⑬ ⑭ ⑮ ⑯

(2)

⑭ ⑮ ⑯ ⑰

(3)

⑮ ⑯ ⑰ ⑱

(4)

⑯ ⑰ ⑱ ⑲

1. 9까지의 수

1.서로 알맞은 것끼리 연결 하세요.

(1) 4- 넷-사, (2) 3-셋-삼, (3) 2
둘-이 (4) 1-하나-일
(1) 6-여섯-육 (2) 7-일곱-칠
(3) 8-여덟-팔 (4) 9-아홉-구

생략

생략

(1) 3

(2) 1

(3) 2

(1) 3

(2) 1

(3) 2

(1) —— 2

(2) —— 3

(3) —— 1

(1) —— 3

(2) —— 1

(3) —— 2

(1) —— 1

(2) —— 3

(3) —— 2

(1) —— 1,2

(2) —— 2

(3) —— 1,2

생략

생략

p. 44

(1) ---- 14
(2) ---- 15
(3) ---- 18
(4) ---- 16
(5) ---- 16
(6) ---- 19

p. 45

(1) ---- 13
(2) ---- 15
(3) ---- 19
(4) ---- 14
(5) ---- 16
(6) ---- 18

p. 48~49

(1) <
(2) =
(3) >
(1) =
(2) <
(3) >

p. 50~51

(1) >
(2) >
(3) >
(1) =
(2) <
(3) >

p. 52~53

(1) <
(2) <
(3) >

(1) >
(2) =
(3) =

p. 54~55

(1) <
(2) =
(3) =
(1) >
(2) =
(3) <

p. 56~57

(1) =
(2) <
(3) <
(1) =
(2) <
(3) <

p. 58~59

1.

```
    9
   / \
  4   5
```

3.

```
    9
   / \
  5   4
```

2

```
    8
   / \
  3   5
```

4

```
    9
   / \
  4   5
```

p. 60~61

1.

```
    9
   / \
  6   3
```

2

```
    7
   / \
  5   2
```

125

3. 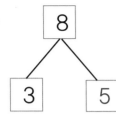 4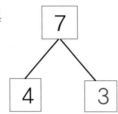

1. 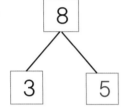 3.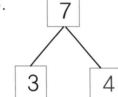

2 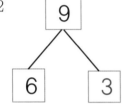 4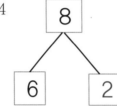

p. 94-~95

1-5, 2-5, 3-3. 4-3 5-3, 6-5

p. 96-~97

1-10, 2-4, 3-11. 4-5 5-12, 6-12

p. 98-~99

1-11, 2-9, 3-8. 4-9 5-9, 6-6

p. 100-101

1-9, 2-3, 3-6. 4-11 5-5, 6-4

p. 102-103

1-6, 2-9, 3-9. 4-3 5-6, 6-8

p. 104-105

1-8, 2-8, 3-6. 4-4 5-8, 6-9

p. 106-107

1-12, 2-5, 3-11. 4-9 5-9, 6-8

p. 108-109

1-11, 2-9, 3-6. 4-8 5-9, 6-6

p. 110-111

1-9, 2-9, 3-7. 4-4 5-7, 6-8

p. 112-113

1-9, 2-9, 3-5. 4-6 5-7, 6-9

p. 114-119

생략

p. 120-121

1-13, 2-14, 3-17 .4-12 5-15, 6-18

1-13, 2-14, 3-16 4-15 5-16, 6-18

기초튼튼

어린이 수학 2

초판 발행 2020년 1월 20일

글 편집부

펴낸이 서영희 | **펴낸곳** 와이 앤 엠

편집 최성원 **그림** 정수영

본문인쇄 신화 인쇄 | **제책** 세림 제책

제작 이윤식 | **마케팅** 강성태

주소 120-100 서울시 서대문구 홍은동 376-28

전화 (02)308-3891 | Fax (02)308-3892

E-mail yam3891@naver.com

등록 2007년 8월 29일 제312-2007-00004호

ISBN 978-89-93557-96-1 63710